研究生论文写作与规范

刘宇炜 ◎ 著

图书在版编目（CIP）数据

研究生论文写作与规范/刘宇炜著.--长春:吉林出版集团股份有限公司,2023.6
ISBN 978-7-5731-3713-5

Ⅰ.①研…Ⅱ.①刘…Ⅲ.①论文－写作－研究生－教学参考资料Ⅳ.①G642.477

中国国家版本馆CIP数据核字(2023)第115283号

YANJIUSHENG LUNWEN XIEZUO YU GUIFAN
研究生论文写作与规范

著　　者：刘宇炜
责任编辑：欧阳鹏
封面设计：冯冯翼
开　　本：720mm×1000mm　1/16
字　　数：200千字
印　　张：10.5
版　　次：2023年6月第1版
印　　次：2023年6月第1次印刷

出　　版：吉林出版集团股份有限公司
发　　行：吉林出版集团外语教育有限公司
地　　址：长春市福祉大路5788号龙腾国际大厦B座7层
电　　话：总编办：0431-81629929
印　　刷：三河市金兆印刷装订有限公司

ISBN 978-7-5731-3713-5　　定　价：63.00元
版权所有　侵权必究　　举报电话：0431-81629929

前　　言

　　学位论文工作对学生来说不仅是创造性的过程,也是一种综合能力的训练过程。首先,通过学位论文工作,学生可以接触某一学术领域的问题,熟悉一个具体的专业问题,加深对课本知识的理解,接触相关方向的文献,锻炼使用知识的能力。其次,学生在准备论文的过程中,一般会掌握一些数据处理、图形制作、文字编辑和排版等基本技能,接触一些计算分析手段,熟悉一些与具体方向相关的研究或设计方法。这些能力在未来学生走向工作岗位后会发挥积极的作用。最后,通过与指导教师、同事、同行和同学的交流,历经监督和答辩等环节,学生会学到严谨的工作方法,形成良好的学术道德,保持认真负责的工作态度,养成团结合作的好习惯。

　　本书从研究生论文的特点入手,详细介绍了学位论文的选题、文献检索、研究设计、写作过程、著录规范、研究方法、答辩及其规范等一系列写作学位论文必须掌握的方法、知识和技巧。概括起来,本书有助于学生掌握研究问题的方法,并能用规范的论文形式进行表达,顺利完成论文;有助于导师把有限的精力放在指导学生选题、确定研究方案上,而不必将大量时间花费在如帮助学生修改格式这样的烦琐劳动方面;有助于学校大幅度提高整体论文水平,减少论文评审、答辩等过程中大量时间和财力的浪费。

2023 年 4 月

目 录

第一章 学位论文的文献检索 ⋯⋯⋯⋯⋯⋯⋯⋯⋯⋯⋯⋯⋯⋯⋯⋯⋯⋯⋯⋯⋯⋯⋯⋯ 1
 第一节 文献检索的类型 ⋯⋯⋯⋯⋯⋯⋯⋯⋯⋯⋯⋯⋯⋯⋯⋯⋯⋯⋯⋯⋯⋯⋯⋯ 1
 第二节 文献检索的途径 ⋯⋯⋯⋯⋯⋯⋯⋯⋯⋯⋯⋯⋯⋯⋯⋯⋯⋯⋯⋯⋯⋯⋯⋯ 4
 第三节 文献检索的方法 ⋯⋯⋯⋯⋯⋯⋯⋯⋯⋯⋯⋯⋯⋯⋯⋯⋯⋯⋯⋯⋯⋯⋯⋯ 6
 第四节 文献检索的平台 ⋯⋯⋯⋯⋯⋯⋯⋯⋯⋯⋯⋯⋯⋯⋯⋯⋯⋯⋯⋯⋯⋯⋯⋯ 7
 第五节 文献检索的步骤 ⋯⋯⋯⋯⋯⋯⋯⋯⋯⋯⋯⋯⋯⋯⋯⋯⋯⋯⋯⋯⋯⋯⋯⋯ 11

第二章 学位论文的研究设计 ⋯⋯⋯⋯⋯⋯⋯⋯⋯⋯⋯⋯⋯⋯⋯⋯⋯⋯⋯⋯⋯⋯⋯ 14
 第一节 科学研究的一般流程 ⋯⋯⋯⋯⋯⋯⋯⋯⋯⋯⋯⋯⋯⋯⋯⋯⋯⋯⋯⋯⋯⋯ 14
 第二节 研究设计的主要内容 ⋯⋯⋯⋯⋯⋯⋯⋯⋯⋯⋯⋯⋯⋯⋯⋯⋯⋯⋯⋯⋯⋯ 17
 第三节 研究方案的基本形式 ⋯⋯⋯⋯⋯⋯⋯⋯⋯⋯⋯⋯⋯⋯⋯⋯⋯⋯⋯⋯⋯⋯ 20

第三章 学位论文写作过程 ⋯⋯⋯⋯⋯⋯⋯⋯⋯⋯⋯⋯⋯⋯⋯⋯⋯⋯⋯⋯⋯⋯⋯⋯ 26
 第一节 谋篇布局 ⋯⋯⋯⋯⋯⋯⋯⋯⋯⋯⋯⋯⋯⋯⋯⋯⋯⋯⋯⋯⋯⋯⋯⋯⋯⋯⋯ 26
 第二节 语言与表达方式 ⋯⋯⋯⋯⋯⋯⋯⋯⋯⋯⋯⋯⋯⋯⋯⋯⋯⋯⋯⋯⋯⋯⋯⋯ 36
 第三节 写作过程 ⋯⋯⋯⋯⋯⋯⋯⋯⋯⋯⋯⋯⋯⋯⋯⋯⋯⋯⋯⋯⋯⋯⋯⋯⋯⋯⋯ 52

第四章 学位论文的著录规范 ⋯⋯⋯⋯⋯⋯⋯⋯⋯⋯⋯⋯⋯⋯⋯⋯⋯⋯⋯⋯⋯⋯⋯ 64
 第一节 参考文献规范 ⋯⋯⋯⋯⋯⋯⋯⋯⋯⋯⋯⋯⋯⋯⋯⋯⋯⋯⋯⋯⋯⋯⋯⋯⋯ 64
 第二节 图表规范 ⋯⋯⋯⋯⋯⋯⋯⋯⋯⋯⋯⋯⋯⋯⋯⋯⋯⋯⋯⋯⋯⋯⋯⋯⋯⋯⋯ 67
 第三节 其他规范 ⋯⋯⋯⋯⋯⋯⋯⋯⋯⋯⋯⋯⋯⋯⋯⋯⋯⋯⋯⋯⋯⋯⋯⋯⋯⋯⋯ 72

第五章 学位论文的开题报告 ⋯⋯⋯⋯⋯⋯⋯⋯⋯⋯⋯⋯⋯⋯⋯⋯⋯⋯⋯⋯⋯⋯⋯ 74
 第一节 开题报告主要作用与组织程序 ⋯⋯⋯⋯⋯⋯⋯⋯⋯⋯⋯⋯⋯⋯⋯⋯⋯⋯ 74
 第二节 开题报告文本结构与主要内容 ⋯⋯⋯⋯⋯⋯⋯⋯⋯⋯⋯⋯⋯⋯⋯⋯⋯⋯ 77

第三节　开题报告常见问题与注意事项……………………………… 81
第六章　学位论文研究方法…………………………………………………… 84
　　第一节　案例研究法…………………………………………………… 84
　　第二节　问卷调查法…………………………………………………… 105
第七章　研究生学位论文答辩及其规范……………………………………… 139
　　第一节　学位论文答辩的目的与意义………………………………… 139
　　第二节　学位论文答辩准备与要求…………………………………… 144
　　第三节　学位论文答辩过程与要求…………………………………… 150
参考文献………………………………………………………………………… 160

第一章 学位论文的文献检索

文献是记录知识的载体。根据文献加工深度,文献可以分为零次文献、一次文献、二次文献、三次文献等。零次文献指具备文献结构而未经正式发表的人类知识,主要包括文章草稿、私人笔记、名人手迹、会议记录、口头传递的言论、原始的录音和录像资料等。一次文献指以作者本人的研究成果为依据而创作的原始文献,如期刊论文、研究报告、专利说明书、会议论文等。二次文献是对一次文献进行加工、整理后产生的一类文献,如书目、题录、简介、文摘等检索工具。三次文献是在一次文献、二次文献的基础上,经过综合分析而编写的文献,如综述、专题述评、学科年度总结、进展报告、数据手册等。

通过文献检索,有效地收集、占有、分析研究和利用文献资料,是科学选择和确定学位论文题目,进而高质量地完成论文写作、提高科研能力的重要前提。因此,了解文献检索并掌握必要的文献检索方法,对于研究生而言,是非常有必要的。本章主要围绕文献检索的类型、途径、方法、平台、步骤进行逐一介绍。

第一节 文献检索的类型

按照文献检索的手段,可以将文献检索分为手工检索和计算机检索两类。手工检索是指以手工操作的方式进行检索。其优点是便于控制检索的准确性,缺点是检索速度慢,工作量较大。计算机检索是利用计算机技术与远程通信技术来实现信息的采集、处理、存储、传递和检索。其优点是检索速度快,能够多元检索,检索的全面性较高;缺点是检索者需要检索设备,并且需要具有一定的计算机文献检索能力。

按照文献检索的结果,可以将文献检索分为文献检索、事实检索、数据检索、概念检索、图像检索、全文检索、超文本检索、多媒体检索等。本节基于文献检索的结果,对文献检索的分类进行简要介绍。

一、文献检索

此处文献检索是狭义上的文献检索,检索的对象是图书、期刊、论文的信息或全文等文献。例如,通过CNKI(知网)检索2010年以来以"工程硕士研究生培养"为篇名的核心期刊论文。文献检索是最典型和最重要的,也是最常用的检索类型。掌握了文献检索的方法,就能以最快的速度,在最短的时间内,以最少的精力了解别人已取得的经验和成果。

二、事实检索

事实检索是以特定的事实或事件为检索对象。事实内容包括大量的自然事件和社会事件。譬如,查找"己所不欲,勿施于人"用英语怎么翻译,或查找"dance"的含义。事实检索是一个相当复杂的过程,目前通常依靠人工来完成。

三、数据检索

数据检索是以数据为对象的检索,是一种确定性检索。譬如,检索2017年湖北省的工业产值,或尝试利用相关参考工具书检索你的手机所在城市的售后服务电话。

四、概念检索

概念检索就是查找特定概念的含义、作用、原理或使用范围等解释性内容或说明,如检索"零次文献""特许经销权"的含义等。

五、图像检索

图像检索是以图形、图像或图文信息为检索内容的信息检索。图像检索的发展是一个从简单到复杂、从低级到高级的过程,从最初的文本信息查询逐渐发展为基于内容等的图像检索。譬如,想查找山水风景的图片,可以输入"山水风景";想查找关于猫的图片,可以直接输入"猫"。

六、全文检索

全文检索是检索系统存储的整篇文章或整本图书的一种检索途径,如利用计算机索引程序,通过扫描文章中的每一个词,对每一个词建立一个索引,指明该词在文章中出现的次数和位置,当用户查询时,检索程序就根据事先建立的索引进行查找,并将查找的结果反馈给用户。譬如,在某篇论文中全文检索"教育"一词出现的频次。

七、超文本检索

超文本检索是对每个节点中所存储的信息与信息链构成的网络中信息的检索。超文本检索强调中心节点之间的语义连接结构,依靠专业系统做图示穿行和节点展示,提供浏览式查询,如 Baidu,Google 等。超文本检索技术提供的是一种崭新的接触和利用大容量复杂信息源的方法,用户既可根据不同的需要,按照不同的思维,采用不同的方式进行检索,又使原有信息的线索得以保留。

八、多媒体检索

多媒体检索是以文字、图像、声音等多媒体信息为检索内容的信息检索。这种检索方式突破了传统的基于文本检索技术的局限,直接对图像、视频、音频内容进行分析,抽取特征和语义,建立索引并进行检索。在这一检索过程中,它主要以图像处理、模式识别、计算机视觉、图像理解等学科中的一些方法为部分基础技术,是多种技术的合成。

第二节　文献检索的途径

文献检索途径就是利用信息的特征作为检索标识来查询相关的信息。通常，信息的著录格式本身就是检索途径，主要包括主题途径、著者途径、分类途径、其他途径等。例如，以期刊论文的著录格式为检索途径时，其中的论文关键词等就是主题途径的标识，分类号就是分类途径的标识。标题、作者、作者单位、摘要、关键词、分类号都属于检索途径。

一、主题途径

主题途径指通过反映文献资料内容的主题词来检索文献。由于主题途径能集中反映一个主题的各方面文献资料，因而便于读者对某一问题、某一事物和对象做全面、系统的专题性研究。我们通过主题目录或索引，即可查到同一主题的各方面文献资料。广义的主题词可以分为规范词汇和自由词汇，包括关键词、主题词、标题词和叙词。主题检索途径具有直观、特指、方便等特点，主题途径表征概念准确、灵活，直接性好，并能满足多主题课题和交叉学科检索的需要，具有特性检索的功能，查准率高。需要指出的是，作为主题词的检索词，词义应该具体，指向应该清晰；同时，同一文献可以供多个课题进行参考，因此，同一文献内容可以用不同的检索词组表达。

二、著者途径

著者途径指根据文献的外部特征，用文献的著者、编者、译者的姓名或团体著者名称编制、检索特定的个人或团体所生产的文献。许多检索系统备有著者索引、机构索引（机构著者或著者所在机构），专利文献检索系统有专利权人索引，我们可以利用这些索引根据著者、编者、译者、专利权人的姓名或机关团体的名称、字顺进行检索。以著者为线索，可以系统、连续地了解他们的研究水平和研究方向。根据已知课题相关著者的姓名,便可以依著者索引迅速、准确地查到特定的资料,因此也具有特性检索的功能。

三、分类途径

分类途径是指按学科分类体系来检索文献。这一途径是以知识体系为中心而分类排检的,因此比较能清楚地体现学科的系统性,反映学科与事物的隶属、派生或平行的关系,便于我们从学科的所属范围来查找文献资料,并且可以起到触类旁通的作用。利用分类途径检索文献资料,主要利用分类目录和分类索引,包括图书期刊分类和专利文献分类。图书分类法包括中国图书馆分类法、中国科学院图书馆图书分类法、中国人民大学图书馆图书分类法等。专利分类法一般根据专利的功能或其用途所属的行业部门进行分类。目前世界上大多数国家采用国际专利分类号(IPC)分类,分类表采用部、大类、小类、大组、小组的等级结构体系。

四、其他途径

其他途径包括引文途径、序号途径、代码途径、专门项目途径等。引文途径是指从被引论文出发检索引用论文的一种途径;序号途径指按文献序号自身顺序检索文献信息的途径;代码途径是指利用事物的某种代码编成的索引(如分子式索引、环系索引等)进行检索的途径;专门项目途径是指利用文献信息所包含的或有关的名词术语、地名、人名、机构名、商品名、生物属名、年代等的特定顺序进行检索的途径。

一般而言,在文献检索时,主题途径和分类途径是文献检索的常用途径。检索时通常遵循以主题检索途径为主,多种检索途径综合应用的原则,可根据已知的文献特征,结合课题检索要求,或从检索工具提供的索引等考虑选择具体的检索途径。

第三节 文献检索的方法

常用的文献检索方法主要有三种,分别为常规法、追溯法、循环法。在实际使用过程中,这三种方法经常混合使用,各有优势。

一、常规法

常规法是指直接利用检索工具检索文献信息的方法,是信息检索中最常用的一种检索方法。它又分为顺查法、倒查法和抽查法。

(一)顺查法

顺查法是指按照时间的顺序,由远及近地利用检索系统进行文献信息检索的方法。这种方法能收集到某一课题的系统文献,适用于较大课题的文献检索。例如,已知某课题的起始年代,现在需要了解其发展的全过程,就可以用顺查法从最初的年代开始,逐渐向近期查找。

(二)倒查法

倒查法是由近及远,从新到旧,逆着时间的顺序,利用检索工具进行文献检索的方法。此法的重点在近期文献上。使用这种方法可以最快地获得最新资料。

(三)抽查法

抽查法是指针对项目的特点,选择有关该项目的文献信息最可能出现或最多出现的时间段,利用检索工具进行重点检索的方法。

二、追溯法

文献之间的引证和被引证关系揭示了文献之间存在的某种内在联系,追溯法的依据就是这种内在联系。追溯法不利用一般的检索系统,而是利用文献后面所列的参考文献或引文索引,逐一追查被引用文献或原文,然后再从这些被引用文献或原文后所列的参考文献目录,逐一扩大文献信息范围,一环扣一环地追查下去。

它可以像滚雪球一样,依据文献间的引用关系,获得更好的检索结果。一般而言,在检索工具不完备的条件下,可以广泛利用文献综述或述评、研究报告等文献后所附的参考文献,不失为扩大检索范围的好方法。中国知网的引文数据库一般都为相关文献提供了参考文献引文索引,在不打开原文的前提下,便可以通过查看引文索引查找相关文献。以论文《高校 MBA 教育品牌战略实施研究》为例,在中国知网的引文数据库找到该文后,在节点文献页面,可以看到该文链接的文献网络图示,其中就包括该文的参考文献索引。

三、循环法

循环法又称"交替法""综合法",它是分期、分段交替使用常规法和追溯法,以期取长补短,相互配合,获得更好的检索结果的一种方法。具体步骤是:先利用检索工具查得一批相关文献,然后再利用这批文献所附的参考资料进行追溯查找,从而得到更多的相关文献,如此交替使用,直至满足检索需求为止。这种方法兼具前两种方法的优势,但前提是原始文献必须收藏丰富,否则会造成漏检。

第四节　文献检索的平台

随着计算机技术和网络技术的发展,数据库资源越来越多,几乎所有的数据库都有自己独特的检索系统,而且不同的数据库,其检索方法和途径可能都各不相同。读者如果要查询某一信息,往往需要依次进入各个电子资源的搜索界面进行搜索。为了更加方便读者进行文献检索,形成兼容更多数据库的检索和阅读平台就非常必要,跨库检索、统一检索、一站式检索等平台也应运而生。本节主要就常用的中文数据库跨库检索平台和外文数据库跨库检索平台进行介绍。

一、常用中文数据库跨库检索平台

常用中文数据库跨库检索平台主要有中国知识资源总库、万方数据资源系统、维普期刊资源整合服务平台、中华数字书苑、读秀学术知识库等。

（一）中国知识资源总库

中国知识资源总库简称"中国知网"（CNKI），是集期刊、博硕论文、会议论文、报纸、工具书、年鉴、专利、标准、科技成果、海外文献等资源为一体的网络出版平台。该平台支撑和满足学校、单位及个人科研、教学、日常学习等各方面文献获取和知识服务的需求。截至 2017 年 11 月，中国知网的中国期刊全文数据库收录期刊论文 61 140 399 篇；中国博士学位论文全文数据库收录博士学位论文 341 943 篇；中国优秀硕士学位论文全文数据库收录硕士学位论文 3 248 779 篇；中国重要会议论文全文数据库收录会议论文 2 222 190 篇；中国重要报纸全文数据库收录报纸 15 748 304 篇。该平台提供了简单检索、标准检索、高级检索、专业检索、引文检索、作者发文检索、科研基金检索、句子检索、工具书检索、知识元检索等多种跨库检索方式。

（二）万方数据资源系统

万方数据资源系统依托强大的数据采集能力，应用先进的信息处理技术和检索技术，为科技界、企业界和政府部门提供高质量的信息资源产品，其内容涉及理、工、农、医、人文等自然科学和社会科学的各个专业领域，主要表现为期刊、会议论文、学位论文、外文文献、专利、成果、标准、法规、机构、科技专家、新方志等资源。在丰富信息资源的基础上，万方数据还运用先进的分析和咨询方法，为用户提供信息增值服务，并陆续推出企业竞争情报系统和通信、电力与医药行业竞争情报系统等一系列信息增值产品。期刊论文是万方数据知识服务平台的重要组成部分，集纳了多种科技及人文和社会科学期刊的全文内容，其中，绝大部分是进入《中国科技论文统计源期刊》的核心期刊。万方数据检索平台提供了快速检索、各种分析链接、专题服务、科技动态、知识服务及数据更新信息等。

（三）维普期刊资源整合服务平台

维普期刊资源整合服务平台，由维普资讯有限公司出品，通过对国内出版发行的 8000 余种科技期刊、2600 万篇期刊全文进行内容分析和引文分析，为专业用户提供一站式的文献服务。同时,该平台凭借强大的数据挖掘、数据分析能力,将学术文献资料与应用实践相结合,不仅为用户提供学术文献使用体验,还为用户提供集知识发现、知识管理、知识服务于一体的专业信息解决方案。该平台资源包括中文科技期刊数据库、中文科技期刊数据库(引文版)、中文科学指标数据库、中文科技期刊评价报告、谷歌学术搜索、外文科技期刊数据库、中国基础教育信息服务平台等。

(四)中华数字书苑

中华数字书苑是北京方正阿帕比技术有限公司推出的专业的华文数字内容整合服务平台,收录了1949年以来大部分图书全文资源,全国各级各类报纸及年鉴、工具书、图片等特色资源产品,旨在为图书馆、学校、企业、政府等客户及其所属读者提供在线阅读、全文检索、离线借阅、移动阅读、下载、打印等数字内容和知识服务。中华数字书苑具体的数据库主要有中国电子图书资源库、中国年鉴资源全文数据库、中国报纸资源全文数据库、中国工具书资源全文数据库、特色资源库等。该平台为用户提供了快速检索和分类浏览两种获取文献的途径,但不同的单库检索方式和浏览方式也各有不同。

(五)读秀学术知识库

读秀学术知识库是一个由海量全文数据及元数据组成的超大型数据库,能够为读者提供9亿页全文资料等一系列中文学术资源的检索及使用。通过读秀学术搜索,读者能一站式检索馆藏纸质图书、电子图书及其他学术文献资源,没有购买的资源可通过文献传递功能免费获取。读秀服务的主要内容是图书目录的查询。同时,读秀还为读者提供文献传递服务;读者也可以浏览指定图书的目录页、版权页、前言页、正文的前17页,以及按照书名、作者、所有字段三大途径进行书目检索。

二、常用外文数据库跨库检索平台

常用的外文数据库检索平台,根据检索文献性质的不同,其类型也是多样的。

本节主要从二次文献检索、混合型文献检索与全文型数据库检索三个角度进行介绍。

（一）二次文献检索

二次文献是对一次文献进行加工整理后产生的一类文献。二次文献择优阅读是科研工作者常用的检索方法。世界著名的三大二次文献检索工具分别是 SCI（科学引文索引）、EI（工程索引）、CPCI-S（科技会议录索引，原名 ISTP）。

SCI 和 CPCI-S 这两大索引均隶属于 Web of Science 数据库。该数据库是由美国汤姆森科技信息集团基于 Web 技术而建立的大型综合性核心期刊引文索引数据库产品。2001 年 5 月，汤姆森科技信息集团推出了名为"Web of Knowledge"的应用平台，以 Web of Science 为核心，整合了期刊、专利、会议录、化学反应、研究基金、Internet 资源、学术分析与评价工具、学术社区等重要资源，成为自然科学、工程技术、生物医学、社会科学、艺术与人文等多个领域中高质量、可依赖的学术信息一站式检索平台。在 Web of Science 检索主界面可进行默认检索、被引参考文献检索和高级检索等操作。

Engineering Village 是由原美国工程信息公司开发的基于互联网的工程信息检索系统，是工程、应用科学领域最权威的文献检索系统。其中，Compendex 数据库是世界著名的三大检索工具之一的工程索引（EI），涵盖一系列工程、应用科学领域的高品质文献资源。

（二）混合型文献检索

混合型文献检索，比较有代表性的是 EBSCO 检索平台、Proquest 检索平台等。

EBSCO 检索平台主要包括学术期刊集成全文数据库和商业资源电子文献全文数据库等全文数据库。学术期刊集成全文数据库主要涉及工商、经济、信息技术、人文科学、社会科学、通信传播、教育、艺术、文学、医药、通用科学等多个领域。商业资源电子文献全文数据库涉及的主题有国际商务、经济学、经济管理、金融、会计、劳动人事、银行等。另外，EBSCO 检索平台还包括教育资源文摘数据库

(ERIC)、医学文摘数据库(MEDLINE)等。

Proquest 检索平台可以检索普若凯斯特资讯有限公司(ProQuest LLC)的数据库,内容涉及商业管理、社会与人文科学、科学与技术、医学等广泛领域,文献类型有学位论文、期刊、报纸等。该平台中 ProQuest 数字化博硕士论文数据库(PQDT)是世界著名的学位论文数据库,收录有欧美两千余所大学两百七十多万篇学位论文的文摘信息,涵盖文、理、工、农、医等各个学科领域,是迄今为止世界上最大的国际性博硕士论文数据库。

(三)全文型数据库检索

全文型数据库检索,其检索方法与前面几种数据库平台相比大同小异,但因为包含全文内容,所以特别突出了浏览/分类检索方法。该类数据库比较多。如 Elsevier Science Direct(简称 SD)数据库,是荷兰爱思唯尔出版集团开发的世界著名的科学文献全文数据库之一。该平台上的资源分为四大学科领域：自然科学与工程、生命科学、医学/健康科学、社会科学与人文科学,涵盖多个学科,包括化学工程、化学、计算机科学、地球与行星学、工程、能源、材料科学、数学、物理学、天文学、农业与生物学、生物化学、遗传学和分子生物学、环境科学、免疫学、微生物学、神经系统科学、医学与口腔学、护理与健康、药理学、毒理学、药物学、兽医科学、艺术与人文科学、商业、管理和财会、决策科学、经济学、计量经济学、金融、心理学、社会科学等学科。通过一个简单、直观的界面,研究人员可以浏览 2500 多种同行评审期刊,1300 多万篇 HTML 格式和 PDF 格式的文章全文,最早回溯至 1823 年。

第五节 文献检索的步骤

文献检索的方式、程序常因检索课题的要求,检索工具或检索系统的不同而不尽相同,也因不同的检索人员检索习惯和经验、知识的差异而不尽相同。但一般而言,文献检索也存在共性的步骤。需要强调的是,在具体检索过程的各环节中,应该结合实际情况灵活运用,以达到最佳的检索效果。

一、分析课题,明确检索要求

分析学位论文选题,明确检索的目的,确定选题涉及的学科范围、文献类型、需要查找的文献时间和地域范围等,这是文献检索的第一步。通过选题分析,归纳、整理并初步确定检索的标识,如专业名词、主题词、作者姓名等。总之,选题分析是整个检索过程的基础和准备阶段,决定选择什么样的检索工具和检索策略等。

二、选择检索工具

根据检索目的和课题内容、要求及文献性质,结合检索人员对检索手段的熟悉程度,选择合适的检索工具。由于各种检索工具的收录范围、提供的检索途径和功能用途等各不相同,所以就要检索人员对选择的检索工具有一定的了解。

三、确定检索途径及检索方法

确定检索途径要考虑两方面因素,一是学位论文选题的已知条件与检索的深度、广度要求,二是选用的检索工具本身能够提供的检索途径。一般而言,应根据已知条件选择最易查获所需文献的途径。检索途径确定后,要根据检索课题对于年限、语种、新颖性、检准率、查全率等的要求,考虑选择常规法、追溯法或循环法等相应的检测方法。

四、确定检索表达式

在明确检索途径后,即可确定作为检索标识的作者姓名、文献题目、关键词及各种符号,用各种检索算符进行有机组合,形成可供计算机识别的表达式。一般而言,数据库系统都集成了多种检索方式,典型的有文献类型选择,如论文、标准等,可选择一项或多项;查询范围选择,如作者、标题、文摘、关键词、分类号或全文检索等,可从其中任选一项;查询年限选择,用于选择欲查询文献的出版年份;输入检索词,可以输入与查询主题密切相关的单个词进行检索,也可以通过

"and""or""not"进行组配,构成比较复杂的逻辑检索式。检索表达式的确定是检索成功与否的最关键环节。

五、实施检索和修正检索

根据检索表达式,实施尝试性检索,并对初步检索结果进行判断,先浏览题目和文摘,判断是否满足要求。如果不能满足要求,应及时修改检索策略,加以调整,重新检索。

六、查找文献线索

利用上述途径和方法,可以直接查出所需要的文献,或查找到有关文献的索引,再根据索引指示的地址在文献部分或题录部分查得相应的文献线索,如题目、内容摘要、作者及作者单位、文献出处等。

七、获取原始文献

获取原始文献是文献检索程序的最后一步。首先要对文献出处进行文献类型辨识,缩写要还原原名称,然后再按文献出处的全称查找相应的馆藏目录与收藏单位,再索借或复制原文。用计算机检索时,检索全文型数据库可以直接提供全文或者联机订购原文。

第二章　学位论文的研究设计

　　研究课题确定之后，就需要进行研究设计。研究设计是研究工作进行之初所做的书面规划，是如何进行研究的具体设想，是研究实施的蓝图。很多研究生并不明白研究设计的意义，或不清楚研究设计的重要性。他们经常会问："为什么在开始研究之前就要对研究进行详细的设计呢？"要知道一旦进入研究，情况就会发生变化。计划似乎总是赶不上变化，变化是不可避免的，但科学研究是一件严谨的事情，现在多一些考虑，将来会少一些后悔。通常，高质量的研究设计是高质量研究的基础，是撰写高质量学位论文的前提。虽然学位论文形式多样，有实验报告、案例研究、文献综述、产品研发等，但无论怎样的学位论文形式，都是思维的产物，都离不开研究设计。在日常科学研究中，如果研究比较简单，则可以用"构思"来替代书面的研究设计，但相对学位论文而言，还具有一定的深度，所以最好还是写出研究设计方案。本章分别介绍了科学研究的一般流程、研究设计的主要内容、研究方案的基本形式、研究方案的参考案例。

第一节　科学研究的一般流程

　　一般意义上，科学研究有一个基本的流程，即计划、实施和总结三个阶段。计划阶段进行选题和设计，选题即确定研究课题，设计即制订研究方案；实施阶段进行研究工作的具体操作，通过实施使研究方案变为现实；总结阶段分析资料、解释结果、得出结论、形成研究成果。研究领域不同，科学研究程序也有所不同。但总的来看，科学研究大致可以分为以下五个阶段：确定研究问题、形成研究假设、开展研究设计、实施研究过程、形成研究成果。

一、确定研究问题

确定研究问题在科学研究中具有战略意义。研究问题的选择与可行性论证，对研究的成败至关重要。确立研究问题，核心在于明确地提出问题。前文已经就如何进行论文选题进行了系统的阐述。显然，如果能够清楚地界定选题范围，问题的陈述就好办多了。反之，如果能够清楚地陈述研究问题，则表明问题也就基本确定了。正如查尔斯·富兰克林·凯特林（Charles Franklin Kettering）所言："一个问题能被清晰地陈述出来，就已经解决了一半。"选择好了一个研究问题并不意味着它有了恰当的陈述，而问题陈述得好则可以为研究者提供从事该研究计划的方向、资料的收集与分析方法等，因而十分重要。研究问题的陈述可以是叙述式或描述式，也可以是问题形式。问题形式对于焦点问题的研究效果较好，尤其是当大问题中包括小问题时效果更好。在很多实验研究和调查研究中，问题的陈述具有说明两个变量或两个以上变量之间的关系的特点。例如，儿童的学习能力是否随年龄的增长而增加？但最终陈述问题究竟采取什么形式，在很大程度上取决个人的爱好，重要的是，问题的陈述应该为研究的进行提供焦点和方向，要精确，应有助于研究的进行。

二、形成研究假设

尽管学位论文形式多样，但无论哪种形式，其学位论文都必然要以基本结论的形式呈现。这种形式或者是学术观点，或者是产品形式，或者是创意设计等，但无论哪种形式，都是对前期问题的一种回答。这种回答，在研究初期就是假设，是一种揣测或对问题答案与情况、状态的一种猜测。正如爱因斯坦所言："人们总想以最适当的方式来画出一幅简化的和易领悟的世界图像，于是他就试图用他的这种世界体系来代替经验的世界，并来征服它。这就是画家、诗人、思辨哲学家和自然科学家所做的，他们都按自己的方式去做。"这里的世界图像的原型，其实就是最初的假设。研究假设与研究问题极为相似,但研究假设通常是研究问题的一种猜测,研究问题通常不能直接验证,必须间接对所产生的假设加以验证。因此,假设在研究中起着重要的指导作用,是研究设计的主要依据之一。一个良好的研究假设,可以提示哪种研究设计才能够配合研究的需要,甚至提示需要哪种受试者、研究工具、统计方法、实施的过程,以及指导资料的收集等。从这个意义上而言,假设是研究的核心。

三、开展研究设计

"凡事预则立,不预则废。"研究设计可以避免失误,可以获得更多的成功机会。选题确定后,有了初步的假设,接下来就是要全面规划整个研究过程,合理安排研究中的各项工作,制订切实可行的研究计划。一般而言,各个学校都要求自己的研究生拿出明确的研究计划,即便没有明确提出要求,也仍然是一件很重要的事情。评估论文选题是否符合大学的要求,结果是否重要,是否采用了恰当的方法,以及结论和最初的假设、目标是否一致等,都是学位论文评价中不可回避的问题。现在做总比以后做要好。等你已经投入大量时间和精力,要更改已完成的工作就很难了。因此,开展研究设计能够现实地将你放到实际操作的位置,让你能够更加清楚地看到研究结果。

四、实施研究过程

研究设计是一种方案,方案要付诸实施。不同的研究设计,其研究过程也各有不同。但如果抛开研究方法不谈,其实所有研究过程,研究者都进行了大量相似的活动,包括概念定义、文献综述、数据采集、工具使用、资料分析、撰写论文等。在研究实施过程中,你会发现研究设计能够让你更加清晰地展开研究,为你节约很多时间成本。研究设计在具体的实施过程中,尤其面对复杂问题时,可能还要制订更加详细的阶段性步骤。因此,有经验的研究者在进行研究设计时,往往会同时考虑好几个研究步骤。需要特别指出的是,有时随着研究的深入,研究者可能会发现最初的研究设计需要调整,甚至还会出现极端的情况,即最初的研究问题、研究假设都可能面临着更换的问题。因此,在研究实施过程中,还要及时地进行反馈,根据实际情况对研究设计进行调整,避免可能出现的极端情形。

五、形成研究成果

形成研究成果是研究的最后阶段。不同的学位论文,其研究成果要求也各有不同。如实验类论文,就需要完成对整个实验设计和实验过程的描述,并要对实验过程中的各种重要因素和实验结果进行分析。案例研究类论文,应说明案例的来源、问题的描述、诊断和分析,以及解决问题的建议和对策。设计计算类论文,应包括问题的介绍,同时应涵盖设计方案、设计图纸、设计过程、设计说明书等。无论哪种论文形式都应有基本的形式和内容要求,且形式与内容应保持一致,并能够回答研究最初提出的问题,完成研究最初提出的目标。

第二节　研究设计的主要内容

研究设计虽然只是科学研究的一个流程,但却是对科学研究活动全过程的设计。研究设计必须思考详细的研究程序与步骤,合理安排研究资源,还要设想可能遇到的困难和解决方案。

一、研究设计的共性内容

研究设计是研究行动的指南,它重在将研究内容细化,使得研究内容更加具体化、可操作化。在这个意义上,研究设计具有共性要求,即回答以下四个问题:研究什么? 为什么研究? 如何研究? 有何成效?

(一)研究什么

研究设计首先要思考研究什么,这是一个非常宽泛的问题。具体而言,研究生要围绕三个层面来回答这个问题。首先,在准确理解课题内涵的基础上,将问题具体化,将问题转化为合适的标题,明确界定课题的研究范围。其次,要将问题分解为具体的问题和内容,可以将研究问题变成若干子问题,然后根据子问题确定相应的研究内容。最后,对研究中涉及的变量、概念给予明确的界定,必要时要明确写出概念性定义和操作性定义,明确其内涵和外延。

(二)为什么研究

在解决了研究什么问题之后,研究设计还必须回答为什么研究的问题。研究生必须不断自问研究的动机,说明研究的意义和价值,阐明研究的目的,必要时能够列举具体的研究目标。如果不能厘清研究的动机、意义、目标,就意味着研究非常盲目,没有方向。对于一只盲目航行的船来说,所有的风都是逆风。没有目标的研究或研究目标不清晰,就意味着研究的不可行或研究难以深入。而要准确回答为什么要研究这个问题,不能绕过的就是文献研究。文献研究的目的是探明本课题的研究成果,别人所做过的研究工作,以及研究的新进展等。通过文献研究可以进一步证明你选择的问题具有研究的必要性。如果你研究的问题别人很容易就能解决,或者别人已经在解决中了,那么你的研究就毫无疑义了。

(三)如何研究

如何研究,本质上就是要回答研究的方法、流程、资源、条件等。解决问题的方法总是和问题一同产生的。要回答如何研究,首先要厘清研究的方法和程序。不同的研究方法,其程序通常也是不一样的,甚至同一种研究方法也可能采用不同的程序。其次,要明确研究思路,包括从不同维度和方向去思考问题与具体的实施步骤。再次,明确资料数据收集的程序,包括时间、地点、对象、内容、工作进程等。最后,要考虑合理配备研究资源,包括研究人员的条件、研究经费的预算等。譬如,通过试验来完成的学位论文,不仅要明确指出采用的试验方法,而且要阐明试验的目的、对象、步骤等,在此基础上,还需要说明试验进行过程中数据的采集程序,以及试验可能遇到的困难、应对措施和实验经费的预算等。

(四)有何成效

研究生在进行研究设计的时候,也需要对研究的预期进行判断,即研究会有何成效?会产生怎样的研究成果?由于专业学位论文的选题更多偏向于应用性和实践性,所以其研究成果往往也更多指向应用和实践。专业学位研究生应能够阐明研究的成效,并且清楚地阐明成果的表现形式(如研究论文、研究报告、系统设计、产品研发等)。以工程硕士专业学位论文《环保型大豆油墨的研制》为例,其在研究设计阶段,预期研究成效是适应当前环保要求,开发具有更高性能的大豆油墨,以替代传统油墨,其成果的表现形式则是工程设计论文。

二、研究设计的评判标准

上述四个问题,只是回答了研究设计的共性内容。那么什么是好的研究设计呢?美国学者威廉·维尔斯曼(William Wiesmann)从教育研究的角度,就良好的研究设计提出了四点判断标准。他认为,一个良好的研究设计不仅必须是适当和易操作的,而且应该能从研究中得出能够充分解释的结论,应该具备以下四个特征。

(一)排除偏见

良好的研究设计所搜集的研究资料应是客观的、没有偏见的资料。凭主观意志出发,违反研究设计的科学程序,或随意捏造材料、修改数据,是不允许的;脱离客观标准,凭个人喜好去评价事物,也是不应该的。优良的研究设计应防止这些现象的发生。这也是科学研究的基本态度。

(二)避免混淆

有的研究设计没有阐明哪些是自变量,哪些是因变量,哪些是研究者操作的变量,哪些是无关变量,混淆了各种变量之间的界限。良好的研究设计应对各种变量给予清晰的界定。另外,多种变量混合在一起,而它们的影响又无法分开时,也会导致混淆,生成的效果也无法被清楚地解释。良好的研究设计应减少变量的混淆,或使这种混淆处于最低程度。

(三)控制无关变量

任何研究都是在特定的情境下进行的,其研究结论也通常是有既定的条件限制的。为了保证研究结果的可信度,就有必要控制无关变量对研究本身的影响。特别是运用实验法开展研究时,应更加注意对无关变量的控制,以便使我们能够更加清晰地看到研究者操纵的研究变量对因变量的真正影响程度。一个良好的研究设计应能有效地控制无关变量,而不是将之与有关变量混淆或者忽视无关变量的作用。

(四)检验假设的精确性

任何研究都有基本的猜想和推测,但科学研究必须对猜想和推测进行检验。一个良好的研究设计,应反映为精确检验假设所需要的各种资料收集的设计。研究者必须为检验假设去设计获得什么样的资料,并设计怎样才能精确地检验假设。

维尔斯曼关于良好的研究设计的判断标准,是针对教育研究中的定量研究和实证研究而言的。一般意义而言,实证性的定量研究对研究设计的严密性要求较高,思辨性的定性研究对研究设计的要求较低。但对于定性研究、思辨研究,维尔斯曼的判断标准也具有同样的借鉴作用。

第三节 研究方案的基本形式

研究设计最终会通过研究方案来呈现。但无论哪种研究方案,都必须围绕研究设计的共性内容展开。具备了研究设计的共性内容,研究方案才不会遗漏必要的信息。一般而言,研究生所在学校对学位论文研究方案的形式、要求各有不同。尽管如此,不同的研究方案的形式也存在基本的格式规范。

一、课题名称

课题名称很多时候会直接作为学位论文的题目。因此,课题名称的选择、措辞至关重要。第一,课题名称要准确。准确就是要将课题名称与课题研究的问题关联起来,能够明确研究对象,并且和研究内容保持一致,不能名实不副。题目不能太大,也不能太小,要准确地把研究的对象、问题概括出来。第二,课题名称要规范。规范就是要求课题名称使用的词语要规范、科学,概念使用要精确,不能似是而非;句型要标准、严整,口号式、结论式的句型不要用。第三,课题名称要简洁,不宜太长。无论是课题名称还是学位论文名称,都不宜太长。这不仅是形式美的要求,也是研究的通行规则。一般而言,课题或学位论文名称不要超过 20 个字,如果题目较长,可以考虑用主副标题的形式呈现。

二、课题研究的意义

课题研究的意义也就是回答为什么要研究,研究的价值是什么。学位论文选题多源于实践和应用需求,因此,一般可以先从现实需要方面去论述,指出现实当中存在某问题和目前关于该问题的研究处在怎样的状态,进而说明选题的必要性和意义。在此基础上,可以根据课题的研究目标说明课题的理论和学术价值。相对于专业硕士学位论文而言,专业博士学位论文应该具有更高的理论和学术价值。

三、课题研究的目标

课题研究的目标也就是课题最后要达到的具体目的。课题研究目标的阐述必须要紧扣课题提出的问题,即课题要回答或解决什么问题。很多时候,不少研究生即便明确了课题名称,也可能无法准确陈述课题要解决的问题。厘清课题要解决的问题是陈述课题研究的目标的前提。课题研究目标不能抽象地表述,也不能笼统地表达,应能够具体、翔实地陈述。只有目标明确且具体,才能知道工作的具体方向是什么、研究的重点是什么,研究思路才能够清晰,研究方法才具有可操作性。

四、课题研究的内容

问题和目标决定了课题需要研究的具体内容。问题、目标与内容之间存在内在的逻辑关联。问题的不断分解可以细化为具体的研究内容,具体的研究内容在最后也必须聚合,从而达成研究目标。内容与问题、目标之间不一定是对应的关系。因此,确定课题研究的基本内容有两个途径,一是通过问题的分解,二是通过目标的反推。相对于问题和目标而言,研究内容要更具体、更明确。研究生在确定研究内容的时候,一定要基于内容确定的方法论,尽可能地将内容具体化,避免研究内容的笼统、模糊。只有将研究内容陈述清楚,研究才有推进的可能。

五、课题研究的步骤

课题研究的步骤是课题研究的程序安排。研究步骤要结合研究目标的达成和研究内容的落实来进行,要充分考虑研究内容的相互关系和难易程度。每个步骤从什么时间开始至什么时间结束,开展什么活动,达到什么要求,都应有明确具体的规定。一般情况下,课题研究都是从基础问题开始,然后分阶段进行的。研究步骤中各阶段的工作必须与研究目标、内容、方法配套进行。

六、课题研究的方法

问题和解决问题的方法是一并产生的。方法和问题之间存在着高度关联。"工欲善其事,必先利其器。"毛泽东同志也曾指出,我们不但要提出任务,而且要解决完成任务的方法问题。我们的任务是过河,但是没有桥或船就不能过。不解决桥或船的问题,过河就是一句空话。不解决方法问题,任务也只是瞎说一顿。研究方法的选择,第一,要根据问题性质、研究内容的需要。方法要服务于研究问题和研究内容。譬如,现实的问题并不符合简单的学科分类,因此,很多问题可能需要跨学科的研究方法来解决。第二,要考虑研究生自身的能力和偏好。不同学科、领域的研究方法各有不同,方法的操作程序往往也有其专门化要求。不同的知识背景和研究基础对方法本身的选择和利用也会产生一定的影响。第三,要结合研究进度选择相应的方法。在课题研究的不同阶段,应根据不同的研究内容选择相应的研究方法。一般来说,在课题准备阶段,文献法是最常采用的方法。

七、课题研究的成果

课题研究的成果形式包括论文、报告、专著、软件、课件等。通常课题不同，研究成果的内容、形式也不一样。作为专业学位论文的课题研究成果，虽然统一称为"学位论文"，但形式也各有不同。例如，法律硕士学位通常提倡将案例分析（针对同一主题的三个以上相关案件进行研究分析）、研究报告、专项调查作为学位论文的形式。但不管形式是什么，课题研究必须要有成果，成果必须要有相应的表现形式。

八、课题研究的条件

课题研究是否具备相应的条件，也是研究方案的重要内容。这里的条件，根据课题的性质、涵盖内容各有不同，包括人员、经费、平台、数据等。譬如，复杂的课题，可能需要很多人参与。虽然学位论文应该由研究生本人独立完成，但在研究过程中，可能需要多人共同合作才能完成。有些学位论文的选题，需要足够的经费支持，或者需要相应的实验条件作支撑。还有些学位论文的选题，需要研究者本人具有相应的实践经历，或者需要获取相关的数据才能够深入研究。这些都需要在研究方案中明确，以说明研究的可行性。

上述八项内容在不同的研究方案中可能会以不同的组合形式来表现。下面给出了三种不同的组合形式，以供研究生在编制研究方案时参考。

参考格式一

课题名称

一、研究动机与研究目的

二、问题提出与研究假设

三、研究变量与研究范围

四、文献综述

五、研究方法与设计

六、预期成效

七、研究进度

八、研究条件参考文献

参考格式二

课题名称

一、研究主旨：研究缘起与目的

二、问题背景与现状

三、研究过程与方法

（一）理论前提与假设

（二）运用资料的范围

（三）收集资料的程序

（四）分析资料的方法

四、研究步骤

五、预期研究成果

六、研究条件

参考文献

参考格式三

课题名称

一、绪论

（一）研究缘起

（二）研究目的

（三）研究假设

（四）概念定义

（五）研究范围

二、文献综述

三、研究方法

（一）研究对象及取样方法

（二）研究主要方法及设计

（三）研究工具

（四）实施程序

（五）资料处理及统计方法

四、预期成效

（一）预期结果

（二）预期效用

五、研究条件

参考文献

第三章　学位论文写作过程

第一节　谋篇布局

无论是外审还是答辩委员会专家对学位论文的评审、评阅书里都有一项内容，即对论文结构的评价。一篇合格的学位论文应该结构合理，结构合理就是指论文要层次清晰、逻辑严密，而这就需要进行谋篇布局。

一、谋篇布局的含义

所谓谋篇布局，就是安排文章的结构，按顺序组织材料。"谋篇"就是合理根据顺序组织材料。我们可以根据需要把一篇论文按照"总—分—总"的结构写，也可以按照事情发展的顺序写，还可以按照事物的几个方面写等，这就是布局。材料的安排要有详有略，要把最能体现中心思想的材料作为重点来写，把那些只是起辅助作用的材料写得简略一些，这样才能使得一篇文章详略得当、重点突出、中心明确。一篇论文的撰写有多个角度，但是不管从哪一个角度写，都要注意安排论文的结构。

观点和材料是构成学位论文的两个基本要素，两者相互依存、缺一不可。就像建筑中有了图纸和砖石不等于就有了高楼大厦一样，有了观点和材料也不等于形成了论文。要用一定的方式把观点和材料合理地安排和组织起来，考虑材料的主次、详略和先后顺序，筹划论文的开头和结尾，安排前后的衔接和照应，使之成为一个逻辑严密、观点鲜明、重点突出、和谐统一的有机整体。一篇好的学位论文，既要有丰富、充实的材料，又要有科学合理的结构形式，做到内容和形式的和谐统一。

谋篇布局包含两方面的内容，一是指论文的体式布局和章节结构，如体裁形式、结构线索、开头结尾、章节段落,类似于"章法";二是指论文的内在联系和组织,如观点和材料、部分和整体之间的逻辑关系,文章发展的脉络和层次等,类似于古人所说的"文气"。两者互为表里、相辅相成。没有章法,文章的结构就会混乱不堪,失去形式上的整体美;没有文气,文章就会显得无气势、无神韵,没有打动人的力量。所以说,论文的谋篇布局包括了论文的思想内容和结构形式两个方面的内容。

二、谋篇布局的原则

谋篇布局就是搭建论文框架。如果说主题是论文的灵魂,材料是论文的血肉,那么结构就是论文的骨骼。谋篇布局要遵循以下原则。

(一)正确反映客观事物

任何事物都有发生和发展的过程,即发展规律。事物内部的各个组成部分之间也存在着相互联系。学位论文是客观事物本质规律的反映,所以在谋篇布局时也要遵循客观规律,按照事物发展的内在联系安排结构、筹划内容。而对事物内部规律认识得越充分、越深刻,反映得也就越清晰、越有层次,论文的条理性就越强。从认识论的角度来看,论文的条理性实际是作者的思路在论文中的反映,是提出问题、分析问题、解决问题的过程。这个过程也是学位论文最常使用的结构形式,这种形式是以反映事物的内部规律、内在联系为依据的。学位论文的作者在谋篇布局时,一定要认真思考,科学地分析研究材料,使论文的整体与部分、部分与部分之间有密切的逻辑联系。切忌罗列材料,使得论文层次不清。

(二)有利于表现论文主题

主题是指学位论文的主旨,即论点或观点。一篇论文不管有多少层次,多么复杂,都必须在主题的统领下存在,离开了主题,任何材料都没有存在的价值。谋篇布局的任务就是要有效地表现主题、说明论点,为确立论点服务。因此,论文的结构要围绕主题来安排层次、组织材料。如果离开主题的需要去谋篇布局,犹如断线之珠、无梁之屋,所谓轻重、大小、远近、详略就没了根据,结构就没了准绳,布局也会混乱，从而主题也就无法表现出来。

（三）保持论文结构完整统一

学位论文的结构是在长期写作实践中形成的，被大多数写作者所接受和认同的并约定俗成的一种固定模式。谋篇布局时应按照论文的结构要求，考虑论文各部分的内容组成。如摘要里写什么、前言里写什么、正文里写什么等，都是有一定要求的。不能把摘要写成前言，也不能把前言写成结论。同时，论文中各个部分要齐全、完备，不能有残缺。要很好地表现主题、反映观点，结构应协调统一，各部分内容谁先谁后，各占多少篇幅，都应根据论文主题的需要来确定。

具体地说，对学位论文结构的要求是严谨、自然、清晰、醒目、完整、统一。严谨指论文层次、条理之间的联系紧密，无懈可击。自然指论文的脉络通畅自然，没有疏漏，不做作，顺理成章，行止自如，像行云流水，"行于所当行，常止于所不可不止"。完整指论文结构的匀称、饱满，首尾圆合，不缺头少尾，不七零八落，是一个完整的有机整体，而且各个部分要配置恰当，不能虎头蛇尾，也不能尾大不掉。统一指论文结构的有机和谐，通篇一贯，浑然一体，格调一致。要求论文纲目、段落要清楚，使人一目了然。清晰、醒目是学位论文结构的一大特征，它不追求曲折波澜，更不允许隐晦、含蓄而让读者去揣测、琢磨。

三、谋篇布局的方法

论文的谋篇布局既有一定的规律可循，又有一定的程序。不论是叙述还是议论，是简单列举还是综合归纳，都要注意逻辑上的循序渐进，反映事物发展的客观规律。

（一）梳理思路，精心构思

所谓思路，就是人们思考问题时思维活动进展的脉络和轨迹，也就是作者为了深化和表达其思想认识而遵循的思维活动路线。其表现在学位论文中，就是作者为表述自己对客观事物的认识，或表达自己的观点而进行的构思和谋篇布局的思维过程。思路既是作者对客观事物进行观察和分析的路线，又是作者安排文章内容和形式的依据。论文的结构,实际上是作者的思路在文章外部形态上的体现。因此,明晰思路是升华思想认识,设计论文蓝图,提高谋篇布局能力的一个重要方面。

学位论文的作者面对搜集到的大量材料、选定的题目和要写作的内容时,不要急于动笔。要像朱光潜先生所说的那样,在"精力弥满、脑筋清醒"的时候"静坐凝思",进行一番认真的思考,对自己成熟或不成熟的思想进行一番梳理,厘出头绪、厘清思路,从而对论文的整体规划和具体内容有一个明确、清晰的组织安排,这就是构思过程。

构思的时候,首先要厘清事物的发展顺序和逻辑联系。例如,对于一个事件的调查,首先要弄清事件的前因后果、来龙去脉,以及其发展过程。任何事物都有其发展变化的顺序和规律,我们在认识客观事物的时候,要符合客观事物本身的特点,有条理、有顺序地展开思维活动。只有这样,才能思路清楚,不断深化对客观事物的认识,才能层次井然、恰如其分地组织和安排论文的内容材料和结构。其次要梳理作者自己的认识和判断,使作者对事物有一个清晰的认识和正确的判断。最后要确定论文的思路,即确定表述的逻辑关系,使思维活动的进展具有严密的逻辑性。例如,论文中陈述的原因必然导致研究结果,论据应该说明论点,中心论题应该是分论题的有机组合等。

(二)编写提纲,合理布局

编写提纲是安排布局的文字体现,安排布局则是编写提纲的思想指导。安排布局实际是运思筹划的过程,它的目的是对论文作全面的规划,包括先写什么,后写什么,论点是否正确,材料是否充分,脉络层次是否清晰,逻辑关系是否合理,论证的角度是否恰当,首尾怎样贯通,前后如何照应,哪些内容是文章的重点,哪些内容是陪衬或补充等。"何处建厅,何方开户,栋需何木,梁用何材",只有这些都"成局了然",而后才能"挥斤运斧"。用文字表现出来,就是分纲列目,组成提纲。提纲犹如盖房子的屋架,屋架竖起来了,房子的轮廓就基本成形了。

编写提纲可以帮助作者组织材料，厘清思路，提高构思能力，及时调整作者的思路，寻找最佳的结构方案，是架构文章结构的有效方法。

(三)层次分明,段落科学

所谓层次，指的是论文内容的表现次序，又称作"意义段""结构段""部分"，它体现着作者思路展开的步骤。每个层次具有相对完整性和独立性，它是论文思想内容的若干有机组成部分的区分界限。而段落则是构成篇章的基本单元，即通常所说的"自然段"，它的明显标志是换行。段落是论文思想内容在表达时由于间歇、转折、强调等情况而造成的文字停顿。层次着眼于论文思想内容的划分，段落则侧重于文字表述的需要。

划分层次、段落是学位论文谋篇布局的一个重要环节，是安排和表达内容的一种重要手段。划分层次就是根据所反映的客观事物或客观事理的内部联系，把有关内容划分为若干层，然后再围绕中心论点按照部分与整体、部分与部分的逻辑联系，把它们组成一个有机整体。学位论文在划分段落时，要做到单一、完整、严谨、匀称。单一就是一段只有一个中心意思；完整就是一个中心意思要在一个段落里集中讲完；严谨就是各段之间要有内在联系，使每段都是全篇的一个有机组成部分；匀称就是要使全篇整体匀称。

因为学位论文的叙述方式有记叙、议论和说明等，所以一般论文划分层次的方法在学位论文写作中都能用到。例如，在反映工作进程、实地考察等记叙性文体中，常用的方法有：以时间推移的顺序来安排层次结构；以空间的变换为标志安排层次结构；以纵横交叉的方法安排层次结构；以事件发展过程的不同阶段来安排层次结构；以作者对客观事物的认识过程来划分层次。

1. 理论性文体的层次划分

理论性论文的重点在于分析矛盾、阐明观点、发表看法，它的基本内容是论点和论据，其结构形式是按照论据和论点之间的逻辑关系把内容材料组合起来，使之成为有机整体。因此，理论性论文的结构划分大体有以下四种方式。

（1）总分总式。从总体而言，理论性论文的结构形式由引论、本论、结论三部分组成。引论是在论文的开头提出一个问题，确立中心论点；本论是论文的正文对引论所提出的问题进行讨论和分析，揭示事物的本质规律；结论是论文的结尾，它在分析的基础上对问题加以归纳后得出结论，对问题作出明确的回答。这种提出问题、分析问题、解决问题的组织方式，就是"总分总"的结构形式。它是理论性论文的最普遍的结构方式，也是学位论文最常用的结构方式。

本论是学位论文的主要组成部分，它的任务是对引论中提出的问题进行具体论证。因此，本论的层次安排主要根据各分论点之间的关系和作者采用的论证方法而定。本论的结构方式又可分为并列式、递进式和结合式三种。

（2）并列式。按中心论点所包含的若干分论点，将文章划分若干层次，各个层次之间是并列关系。它们围绕中心论点展开论证，各自从不同侧面、不同角度，阐明论文的基本思想，为主题服务。这种方法常用小标题或数字作为明显的标志。

（3）递进式。这种结构方式按照从现象到本质或从原因到结果等事物内部联系，利用由表及里、层层深入的方法划分层次，或从事物发展的不同阶段或表述问题的逻辑顺序逐步展开，依次递进，形成文章的不同层次。各层次之间呈现递进关系，使论文具有严密的逻辑，引导读者逐步深入地认识事物的本质。

（4）结合式，即并列式和递进式相结合的一种形式。其实，任何一篇论文都不可能从头到尾只用一种结构，在一些层次上可能用并列式，在另一些层次上也可能用递进式。这样的灵活运用可增强论证的力量，并且也适用于长篇论文的写作。

总之，根据具体情况来看，哪种方式有利于论证的展开，有利于中心论点的确立，有利于分析问题和解决问题，就用哪种方式。

2. 说明性文体的层次划分

说明性文体的层次安排主要有以下三种。

（1）介绍事物性质、特点、功能的说明文，一般按照事物的性质、特点、功能等方面，或从上到下，或从左到右，或从外到内，或从近到远，或从部分到整体，逐一说明。

（2）介绍事物发展变化或生产过程的说明文，一般是按照事物发展变化的先后次序或操作过程进行说明的。

（3）介绍风景和建筑等的说明文，一般按照地理环境、空间位置来谋篇布局。

（四）过渡自然，衔接缜密

写论文要注意过渡和照应。所谓过渡是指层次、段落之间的衔接与转换。它起到承上启下的作用，使全篇内容连接贯通。在学位论文中，由一层意思转入另一层意思，由一段内容向另一段内容发展，由总到分、由分到总，以及在时间和空间跨度较大的地方等，都要使用过渡。学位论文的过渡，内容上要注意论证的严密性，形式上要注意过渡的技巧，即转折较大的情况用过渡段，转折较小的情况用过渡句或过渡词语。照应是指论文内容上的前后关照呼应、环环相扣，使文章组合成一个有机整体。国外一位戏剧大师指出，如果在第一幕的墙上挂一支枪，那么在最后一幕结束之前一定要让它放响。这就是我们通常所说的"前有交代，后有着落"的照应方法，其一般有前后内容的照应，开头与结尾的照应，行文与标题的照应等。学位论文的照应，应该使中心论点和分论点、主要材料和次要材料之间有相互照应，前面提出的问题后面一定要得到解决才行。

（五）斟酌开头，凝练结尾

学位论文的开头体现作者对所论述的问题整体性把握的程度，有"定调子"和决定论文研究方向的作用。"开门见山"是学位论文常用的一种开头方法，写论文的人都很注意论文的开头。结尾又称"收尾""收撰"，是论文内容发展的必然结果，是逻辑思维方法的必然归宿。我国明代学者谢榛曾说："结句当如撞钟，清音有余。"结尾和开头一样，也是文章的组成部分，它可以对全文内容作出简单明了的归纳，使中心论点更加突出，主题更加鲜明，结论更具说服力，因此也应予以重视。

四、学位论文的基本结构

《科学技术报告、学位论文和学术论文的编写格式》（GB/T 7713—1987）和

《学位论文编写规则》(GB/T 7713.1—2006)等国家标准,对学位论文的结构作了规定。撰写学位论文时必须遵守这些规定,以利于学位论文的撰写、收集、存储、加工、检索和应用。

(一)基本结构

学位论文一般包括以下三个组成部分:前置部分、主体部分和结尾部分。

1. 前置部分

学位论文的前置部分包括封面、封二、题名页(包括英文题名页)、致谢、摘要页(包括中英文摘要)、关键词、目录页、插图和附表清单(可根据需要列出)等。

2. 主体部分

学位论文的主体部分包括引言(绪论)、正文、结论等。

3. 结尾部分

学位论文的结尾部分包括:参考文献、附录(可根据需要列出)、索引(可根据需要列出)、作者简历,以及作者在学期间所取得的科研成果(可根据需要列出)、封底等。

(二)编写要求

1. 前置部分

(1)封面。包括分类号、密级、校名、学位论文中文题目、英文题目、作者姓名、导师姓名、学科和专业名称、提交时间等内容。

(2)封二。包括学位论文原创性声明和使用授权说明、作者和导师签名等,其内容应符合我国著作权相关法律法规的规定。原创性声明本质上是一份诚信声明,旨在约束学术行为,明确学术规范,其不是过高要求而是底线。

(3)题名页。主要内容包括以下十二个方面。

①中图分类号。以《中国图书馆分类法》(第4版)或《中国图书资料分类法》(第4版)为标准进行标注。

②学校代码。按照教育部批准的学校代码进行标注。

③UDC。按《国际十进分类法》进行标注。

④密级。按《文献保密等级代码与标识》(GB/T 7156—2003)进行标注。

⑤学位授予单位。名称应采用规范全称。

⑥题名和副题名。题名以简明的词语恰当、准确地反映学位论文中最重要的、特定内容的逻辑组合(一般不超过25字),应中英文对照。副题名是对正题名的限定、补充和说明。

⑦责任者。责任者包括研究生姓名,指导教师姓名、职称等。

⑧申请学位。包括申请的学位类别和级别,学位类别参照《中华人民共和国学位条例暂行实施办法》的规定标注,包括以下门类：哲学、经济学、法学、教育学、文学、历史学、理学、工学、农学、医学、军事学、管理学。学位级别参照《中华人民共和国学位条例暂行实施办法》的规定标注,包括学士学位、硕士学位、博士学位。

⑨学科专业。参照国务院学位委员会颁布的《授予博士、硕士学位和培养研究生的学科、专业目录》进行标注。

⑩研究方向。本学科专业范畴下的主要领域或方向。

⑪培养单位。培养申请人的机构,机构名称应采用规范全称。

(4)英文题名页。英文题名页是题名页的延伸,必要时可单独成页。

(5)致谢。致谢对象限于对课题研究、学位论文完成等方面有重要帮助的人员或组织等。主要包括：国家自然科学基金、资助研究工作的奖学金基金、合同单位、资助或支持的企业；协助完成研究工作和提供便利条件的组织或个人；在研究工作中提出建议和提供帮助的人；对给予转载和引用权的资料、图片、文献、研究思想和设想的所有者；其他应感谢的组织和个人。

(6)摘要。包括中文摘要和英文摘要两部分。摘要是论文内容的总结和概括,应简要说明论文的研究目的、基本研究内容、研究方法、创新性成果及其理论与实际意义,突出论文的创新之处。英文摘要与中文摘要内容要一致。

(7)关键词。关键词应体现论文特色,具有语义性。

（8）目录页。目录页是论文中标题内容的集合。目录页中每行均由标题名称和页码组成，包括摘要、章节或大标题的序号和名称、参考文献、注释、索引等。

（9）插图和附表清单。论文中如图表较多，可以分别列出清单置于目录页之后。图的清单应有序号、图题和页码；表的清单应有序号、表题和页码。

2. 主体部分

学位论文主体部分包括引言（绪论）、正文和结论。主体部分一般从引言（绪论）开始，以结论或讨论结束。

（1）引言（绪论）。包括论文的研究目的、流程和方法等，还包括论文研究领域的历史回顾、文献回溯、理论分析等内容。

（2）正文。正文是学位论文的主体和核心部分，包括研究背景、立论根据、研究内容、研究方法与过程、研究结果与分析、研究结论及其意义。要求论述正确，逻辑严密，层次分明，文字流畅、简练，公式和图表清晰、规范，数据真实可靠，公式推导和计算结果正确无误，避免使用文学性质的、带感情色彩的非学术性词语。论文中如出现非通用性的新名词、新术语、新概念，应作相应的解释。

（3）结论。论文的结论是最终的、总体的结论，不是正文中各段小结的简单重复。结论应包括论文的核心观点，交代研究工作的局限，提出未来工作的意见或建议。如果不能导出一定的结论，也可以没有结论而进行必要的讨论。

3. 结尾部分

结尾部分一般包括参考文献、附录、索引和作者简历四个部分。

（1）参考文献。参考文献是文中引用的文献集合，学位论文中引用他人成果之处均应如实、详细地列出参考文献目录。其著录项目和著录格式遵照《信息与文献参考文献著录规则》（GB/T 7714—2015）。

（2）附录。附录作为主体部分的补充，并不是必需的。下列内容可以作为附录编于论文后：为了整篇论文材料的完整，但编入正文又影响所编排内容的条理性和逻辑性，这一内容包括比正文更为详尽的对信息、研究方法和技术的说明；对了解正文内容有用的补充信息;由于篇幅过长而不便编入正文的材料;不便编入正文的罕见珍贵资料;对一般读者并非必要阅读,但对本专业同行有参考价值的资料;某些重要的原始数据、数学推导、结构图、统计表、计算机打印输出件等。

(3)索引。根据需要可以编排分类索引、关键词索引等。

(4)作者简历。包括作者的教育经历、工作经历、攻读学位期间发表的论文和完成的工作等。按发表的时间顺序列出本人在攻读学位期间发表或已录用的学术论文清单,包括发表文章与出版论著(已发表或已录用)、已获专利、科研成果及获奖情况等。

第二节 语言与表达方式

语言是思想的直接表达,学位论文的写作就是运用语言文字表达思想和精神成果的过程。学位论文的写作需要作者具备选题、取材、构思等多方面的能力,但这一切都必须通过语言来完成。语言表达的水平直接影响学位论文的表现力和感染力,直接关系论文的质量。因此,了解学位论文的语言特点、要求,储备丰富的语言素材,是写好学位论文的必要条件。人类用于交际的语言分为口头语言和书面语言两种,学位论文所涉及的语言属于书面语言的一部分。

一、语言在学位论文撰写中的作用

语言是被人类作为思想工具和交际工具来使用的一种符号系统,也是表现学位论文思想内容的材料和工具。从选题、搜集材料、分析论证到撰写论文这个过程,实际上是一个将思想成果转化为语言文字的过程。一般说来,学位论文或是论证抽象的理论问题,或是用严谨的论述回答所提出的实际问题。学位论文中的语言能起到以下作用。

（一）有助于增强学位论文的可读性

在论文写作过程中,语言的有效表达发挥着非常重要的作用。这是因为,即使我们的观点再独特、方法再好、材料再丰富,若不能用文字有效地将其表达出来,则难以"修成正果"。若论文中出现用词不当、句子不通、词不达意、表达不清、用词不规范等问题,则会影响读者对论文意思的理解,影响读者对研究成果的评价,也不容易引起读者对论文的阅读兴趣。因此,提高语言素养,训练语言的运用能力,掌握论文写作的语言技巧,增强论文的可读性,是论文写作的重要基本功。

（二）有助于增强学位论文的逻辑性

语言表达能力强,会使论文逻辑推理的线索清晰且严谨,从而把研究的成果有效地表达出来。语言不是被动地表达思想的工具,它能有效地增强作者的逻辑思维能力。在论文写作中,思想与语言的关系不是静止地表达与被表达的关系,而是密切相连、互相激发的关系。进行思考时要运用语言,运用语言时也要进行思考;不思考就不能写,不写也就很难思考得深入、全面与系统。因此,作者不仅要认识到语言对论文写作的重要意义和作用,提高写作论文时的语言表达技巧和能力,而且还要在论文写作中提高逻辑思维水平,促进研究工作的深入。

二、学位论文语言的特点

正因为语言对论文写作具有重要作用,所以在撰写学位论文之前要充分了解学位论文的语言特点。

（一）学术性

学位论文是对某一学科领域的某一问题的专门探讨和总结,它的内容有着很强的专业性和学术性。正确使用本学科的专业术语是学位论文最基本的要求。随着各学科的成熟,学科的专业术语也日臻统一。这些专业术语在本学科领域内有明确的含义,而且这种含义一旦得到同行的公认就不再发生变化。学位论文是为了交流和公布作者有创造性的成果,需要尽可能地得到大家的接受和赞同,因此,选用那些已被公认的术语自然就是最简便和最有效的了。随着学科研究的发展,应该鼓励创造一些新的术语,因为新的术语也许是新的成果,甚至是新的学科产生的前兆。但应该注意的是,这种创造必须是在科学和严谨的态度下进行的。

(二)规范性

除了专业术语,学位论文中还要使用大量的非自然语言,这些语言常被称作"人工语言",它包括特殊的符号、各类数字、计量单位、固定的公式、各种各样的图形、表格,以及缩略语、首字母缩写等。由于它们形式简明、内涵丰富、概括力强,因而深受研究人员的喜爱。为了便于学位论文的传播、交流、储存、处理和利用,应该严格按照国际和国家最新标准,规范地使用这些人工语言。

(三)准确性

尽管一般应用型书面语言也讲究准确性,但学位论文语言对准确性的要求更高。这主要是由于科学研究是一项十分客观、严谨的工作,学位论文作为科学研究成果的结晶和客观真理的书面反映,它在论点、论据和论证方法等方面都必须从客观实际出发,符合事物发展的客观规律。科学研究的严谨性不仅应该反映在科学研究的整个过程中,还应该反映在科学研究成果的公布、发表上。

(四)简洁性

写作学位论文的目的是更好地总结科学研究的问题和经验,发表科研成果,进行学术交流,充分发挥其经济效益和社会效益。因此,语言的简洁、精练十分重要。一篇论文,只有言简意赅、经济而有效地表达作者的真知灼见,才能受到读者的好评。古代有"惜墨如金"的故事,就是指写文章要力求简洁。

(五)特色性

写作学位论文的目的是阐明和论证确定的观点,从而使读者接受和赞同这个观点,并在此基础上用这个观点影响和服务社会、指导实践。论文是公布和交流具有创造性的科学信息的工具。那么,作为它外在形式的语言就必须具有鲜明的特色,赞同什么、反对什么应该一目了然,要易于识别,易于认同,易于接受。

三、学位论文语言的要求

学位论文语言的常见问题有三个:一是用词不准确,二是语句不精练,三是语义空泛。因此,提高学位论文语言水平需从以下三个方面入手。

(一)准确用词

1. 用词要准确无误

学位论文使用的语言一定要确切、清晰地表达所要论述的事实和思想,揭示它们的本质和联系。只有准确的语言才具有科学性,才能真实地反映现实状况和思想实际,才能得出令人信服的科学结论。词是语言的建筑材料,学位论文的语言质量如何,与选词的准确程度关系极大。用词准确表现在两个方面:第一,要注意辨析词义,要认真区分近义词、同义词在含义上和用法上的细微差别。论文的写作过程中,必须认真推敲每一个词,并在反复精选的基础上使用最恰当的词语。汉语中的近义词、同义词很多,有些近义词乍看起来意思区别不大,但若仔细地分析就会发现其含义完全不同。第二,要注意区别词语的感情色彩,在选词、用词上注意掌握"分寸感"。在汉语词汇中,除了很大一部分中性词,还有一些词语是能通过其特定的含义体现鲜明、精妙的感情色彩的。当然,汉语词汇极其丰富,要想从浩瀚的词汇海洋中选取唯一的、恰当的词语来准确地叙事、言物、表情、达意,是一项十分艰苦的工作。在写论文的过程中,在没有搞清词义之前绝不能轻易落笔,力求做到推敲每一个词,以保证贴切地表达自己的思想、准确地再现事物的原貌。

2. 遣词造句要合乎语法

学位论文最基本的语言要求是遣词造句。如果句子文从字顺,那么论文的语言就达到最起码的要求了。句子结构是不是正确,取决于事理说得对不对、合不合语法规则,用词不当、词序不妥、句子成分残缺、语言不合逻辑都会使句子意思含糊不清。所以造句时要准确运用语言、精心锤炼词语、反复推敲句子,具体要求包括:第一,句子成分要完整。构成一个句子最基本的成分是主语、谓语和宾语。在比较复杂的句子里,还有定语、补语和状语等连带成分和附加成分。在一般情况下,句子成分特别是主干部分是不能随意省掉的。如果省掉了不该省略的成分,句子就会残缺不全,意思就不能表达清楚。第二,词语要搭配得当,词序要有条理。在句子中,词与词的搭配及词序的安排都是有条件的,否则就会犯搭配不当和不合语法规则的错误。第三,事理要合乎规则。有些句子,从语法形式上看不缺成分,也没有搭配不当,但仍不准确。原因是反映的事理不合逻辑,不合思维规则。第四,关联词语要恰当。学位论文属于议论文,关联词很多。关联词如果用得好,可以使文章严密紧凑、准确有力。

3. 正确运用复述与节录

学位论文的写作除了引用准确、翔实的资料,还要有大量的反映客观事物的材料来形成或表现主旨。材料的引用主要有两种形式:复述与节录。复述又称转述,是作者对原作内容的重述,但复述不是简单的介绍,而是作者在对作品有了深刻理解的基础上进行的高度概括和总结。它体现着作者的观点,是为作者的论点服务的。复述时应注意以下三点:第一,忠于原作。复述不是用作品的原话,而是用评论者的语言,它不受原作品语言的约束,但受到原作品内容的约束。第二,切实为论点服务。不能任意而为,要为突出论点服务。第三,复述的目的不在"述"而在"议"。复述一般采用"夹叙夹议"的方法,议论应少而精,叙述应形象、生动。节录是论文作者根据论证需要进行的原文引用,它可以是段句引用,也可是个别字词的引用。其中字词句的引用可在行文中加引号以作区别,并作注释。如是段的节录则多不加引号,单独成段,当然也可加引号。节录是引证时最常用的方式。节录的关键是在作品中截取最恰当、最精彩的部分。节录应注意以下三点:第一,节录的内容要有力地表现、支持论点。第二,节录要翔实、准确地标明其来源、出处,以确保节录材料的准确性。第三,节录时要注意避免对原作的照抄照搬。若需对原作观点或较多内容进行引用,可使用概述的方式,即对原作进行真实的概括和总结,并将其作为材料来引证。

(二)简洁用词

简洁就是造句干净利落,用语"贵乎精要",以最简洁的语言表达尽可能丰富的内容,做到"文约而事丰,言简而意赅"。

1. 凝练论文内容

有些学位论文语言不精,常常是作者对内容理解不深所致,并不完全是技术问题。要提高语言的精练度,首先必须锻炼思想、提高认识能力,善于分析、抓住问题的症结。这样,写出的文字才能以一当十、简洁凝练。按照简练的原则,在写学位论文时需开门见山,在论文开头就提出鲜明的观点,不必拐弯抹角,论文的结尾也应适可而止,结尾利落。

2. 凝练论文词句

写作的艺术就是提炼的艺术,若要使语言简练,最要紧的是节约用字。少用字的同时还要把意思表达清楚,在写作时注意选择提炼那些经过千锤百炼的最精粹的词语。可从以下几个方面入手:第一,节约用字。能少说一句话就少说一句,能少用一个字就少用一个。同样的内容,用很少的文字就可以表达出来,不仅使语言更加简练,而且还会使文章富有艺术魅力。第二,删繁就简。把一切与主题不相关的多余部分删去,特别是那些不必要的重复和解释。总之,这里强调语言要精练,是以能否清楚地表达思想为准的。学位论文该长则长、该短则短,从实际出发,在准确、全面、深刻地表达自己的观点和见解的基础上,力争做到语言简练。

(三)规范用词

1. 注重表述的思辨性

学位论文撰写的过程是一个思辨论证的过程,从前言中提出问题开始,到本论中分析、解决问题,再到得出结论,步步推进、层层论证。因此,不像散文、记叙文需要以情感人,学位论文需要的是客观的、实事求是的分析,理智而清晰的阐述。这种思辨性是由事实的和潜在的、共时的和历时的、一般的和特殊的各种因素有机而辩证地结合而成的。其特点和表现形式是论述语言合乎逻辑,辩证地分析问题,富有哲理,引人深思。论文的思辨性可以分为以下两个阶段,初级阶段:有新见解,新看法;有论点,有论据,且能触类旁通,引导读者的思维进入一个驰骋想象的新天地,论述能够显示令人信服的思辨力量。高级阶段:论点出于高而新的角度,并经深入思考,广泛注意不同侧面。犹如广角镜,能从不同角度照见不同方面;它来自归纳,又可推导演绎;既有新的观察角度,又开发了旧说难以论及的死角;既有表层的事实依据,又有深层的理论思考。

2. 注重用词规范性

学术语言不同于一般的教科书和通俗作品中的语言,它是学者、研究者之间用来表达、交流思想的工具。因此,在历史的演变中其形成了相对稳定的规范特征,主要表现在:第一,一般不用口头语言。不可否认口头语言具有灵活、生动、形象的特点,但有悖于学术论文语言文字严肃性和稳定性的基本要求。第二,不用未定型的词汇,即那些通常在大众媒体、流行文化中普遍采用但还未被学术界接纳的词语。第三,能够阐释专业术语的内涵,特别是那些在不同的文化背景下具有不同内涵的专业术语。第四,行文要符合中文的行文要求,目前在这方面比较突出的问题是语句的西化。由于接触外文资料的机会和途径不断增多,一些研究生在阅读和翻译外文作品的过程中,习惯了使用长句子、倒装句及修饰繁复的句式。这些句式有违中文的行文要求,也不符合中国读者的阅读习惯,在撰写学位论文的过程中要尽量避免使用。

四、学位论文中的叙述

(一)叙述的概念和作用

叙述也叫记叙、陈述,是用来表达某一事件的发生、发展、结束的全过程的表达方法。它是论文写作中出现最早、应用最广泛、使用频率最高的一种基本表达方法,是记述类文体的主要表达手段。其特点是叙述的内容具有过程性,即表现了一定的顺序性、持续性或时间性。学位论文的叙述是要把研究对象的发展或事物的变化过程表述出来,把事物的内外部矛盾揭示清楚,给人一个清晰、完整的印象。

（二）叙述的方式和要求

一般论文的叙述都涉及人称问题，人称包括第一人称、第二人称和第三人称。所谓人称就是叙述者以什么身份、什么口气，从哪个方面进行陈述的，即确定叙述主体和叙述角度。学位论文都是以第三人称进行叙述的。叙述者站在客观的立场上叙述事件的原委。它不受时间、地点的限制，可以更自由地反映客观现实。

1. 顺序

顺序就是按照事件发生发展的先后顺序进行叙述。顺序是叙述中最基本的形式，其他叙述方式往往是它的变化和衍生。它常以时间的推移或场景的变化为线索，把事件的各个阶段贯穿起来。它的特点是脉络清楚、层次分明，转折、连接都比较自然，符合人们的阅读习惯。在学位论文写作中，经常使用顺序的方法，例如，对一项实验的叙述是按照实验过程的先后顺序进行的。教学案例、软件操作等也是这样，以便于读者对情况正确了解。采用顺序叙述，一是要注意详略、取舍；二是要有波澜，虽然是学术性很强的学位论文，但也要有一定的起伏，否则就会出现平淡、呆板，平铺直叙，罗列现象，主次不分等问题。

2. 倒叙

倒叙就是把事件的结局或过程中最精彩、最吸引人的部分进行提前叙述，然后再以顺序的方法写出事情的开头和经过。它的作用是造成悬念或突出结果。在学位论文写作中，摘要和前沿部分常使用这种叙述方式。如摘要中，先把研究的结果或结论写出来，让读者首先知道作者研究了什么问题，得出了哪些结论，对本学科有什么影响，从而引起读者的关注。

3. 插叙

在叙述过程中，根据表达的需要中断原来的叙述，插入另一段叙述，其内容或是对有关问题的交代或诠释，或是对有关事物的补充或介绍，待插入的内容叙述完再接上原来的叙述内容。插叙文字一般都较短，目的在于帮助读者理解叙述的主要内容，如学位论文中对某一问题的解释或说明使所叙述的问题更加清楚明白。

插叙的内容不要太多、太长,以致影响文章的整体性和条理性。还有一种补叙,类似插叙,但不同的是,插叙要中断主线,补叙则不需要中断主线,它只是对某一问题作补充说明。

4. 总叙和分叙

总叙又称"概说",在叙述之始先作提纲挈领的介绍,给人以概括的印象,使人对文章有个总体认识。在学位论文中,总叙一般用在前言部分。有总叙就有分叙,分叙就是分别叙述的意思。一个大标题下的内容较多时,往往可以分成几个小标题分别进行表述,这样可以使论文思路清晰、层次分明。一篇学位论文的撰写一般采用总叙与分叙相结合的方式进行叙述。

5. 详叙和略叙

详叙和略叙是从内容上的繁与简、详与略来区分的。详叙就是对具体事物作比较详细的、完整的叙述;略叙则是对事物作一个概略的叙述,使人了解轮廓即可。如调研设计需要详叙,就需要把关键地方写清楚,便于别人掌握,而具体的调研过程,则可略叙。

五、学位论文中的说明

(一)说明的概念和作用

说明是用朴素、准确的语言对事物进行解说的一种表达方式。学位论文中的说明是指对科学事物的性质、特征、成因、形态、构造、功能,以及科学理论的概念、原因、方法、关系、演变等进行解释、剖析、介绍、限定的一种表达方法。它既不同于议论,又有别于叙述,有自己的作用和特点。一般在以下场合需要用到说明这种表达方式:介绍人物生平经历;诠释有关知识和概念的含义;说明事物的性质、形状、特征;说明实验方案和操作过程,实验中数据的测量方法,观察到的现象等。

(二)说明的方法和要求

说明的方法很多,常用的有定义法、举例法、比较法、分类法、引用法、数据法、图表法、比喻法、诠释法、加注法等。

1. 定义法

定义法是用下定义的方式来限制、规定被说明事物的性质、特点和本质规律,以便确定范围、界限,与相关或相近的其他事物区分开来。一般在解释科学概念、名词术语时常采用定义说明的方法。例如,"合同"的概念为:"两个或两个以上的当事人,自愿平等,协商一致,为了达到一定目的,确立、变更或终止民事权利义务关系的协议。"这个定义就很简练,既解释了"合同"的本身含义,又把所有合同包括在这个大概念之内。

2. 举例法

举例法就是用实例把抽象复杂、深奥难懂的事物和事理解释得明白、清楚、具体。所举的例子要求有一定的代表性、科学性和启发性,力求生动、形象。通过举例给读者以真实感,并通过个别认识起到举一反三的作用。举例说明往往和其他说明方法配合使用,才能收到良好效果。

3. 比较法

比较法是对两种或两种以上同类的事物,根据一定的标准把彼此之间有某种联系的方面加以对照,从而发现其相同点或不同点,达到使读者明白、理解的目的。比较事物的相似点叫类比,通过类比可以使我们认识到表面相异的对象之间存在的共性,即"异"中有"同"。比较事物的不同点叫对比,通过对比可以使人们认识到表面相似的对象之间的不同之处,即"同"中有"异"。应注意的是,用来进行比较的事物之间要有相同或相似之处。所谓"异物不比",就是说没有可比性的对象之间不能进行比较。此外,相比较的对象应是人们熟悉和便于理解的,否则越比越糊涂,就失去了比较的意义。比较要有条件,事物之间的同一性与差别性是事物比较的客观基础,任何同一性与差别性都是有条件的,离开条件就无所谓异同,因而也就无法进行比较。比较还要有明确的同一标准,没有标准不能比较,标准不同也不能比较。

4. 分类法

分类法就是根据事物的性质、形状、成因、功用等属性差别，把事物分成若干类或若干成分，然后逐一说明。例如，一般"应用写作学"书中把应用写作分为科技文书写作、经济文书写作、外贸文书写作、公关文书写作、司法文书写作、外交文书写作、军事文书写作等，然后再分别进行详细解说。分类说明要遵循如下原则：一是要有同一标准，否则分类就会出现相互交叉或重复的现象；二是分类的内容要包举，被划分对象的各个小类要力求穷尽，否则就不能全面说明事物；三是科学研究中的分类必须从现象分类进入到本质分类，从而体现出事物的内部联系。

5. 引用法

引用法就是引用一些资料、故事传说、诗句名言、俗语谚语等充实或说明内容，使学位论文论之有据，更有说服力。引用说明要注意引用的材料准确无误而且具有针对性，引用的材料不宜过多，过多则有卖弄之嫌。引用材料时要注明出处，这既是一种科学道德，又便于别人进一步查证学习。

6. 数字法

数字法是运用数据精确地说明事物的论证方法，因为很多事物可以从"量"的方面说明其本质和特征。其优点是清楚、具体、鲜明，具有可比性，往往是文章中论据的重要组成部分。应用数字说明的数据一定要真实、可靠。

7. 图表法

图表法是用图、表、照片等形式来说明事物的特征、形状、大小、变化等。如果数字很多，就可以按一定的内在联系把这些数字列成表格，还可以根据数据制成相关的图表，表示某种变化规律。学位论文写作中经常使用图表来说明问题。图表说明法的优点是直观、形象。

8. 比喻法

比喻法是用一事物给另一事物打比方的方法，即通过具形具色的事物比喻所要写的事物，也就是用常见的、熟知的事物来说明不常见的、不熟悉的事物，把复杂的事物或抽象的事理解释得通俗易懂。

9. 诠释法

诠释法就是对某一概念、某一事物加以注释说明的方法。例如，有些人对"中国""中华"两个名词的由来不清楚，便可用诠释法来说明。有些被说明的事物经过下定义，读者仍然对其感到陌生，这就还需要在较大的范围内对其性质和特点分别作出解释。诠释说明与定义说明虽有某种交叉现象，但从总体上说诠释不等于定义，它的范围较宽，要求不像定义那么严格，往往多个诠释之和即成定义。

10. 加注法

为了帮助读者理解论文，需要用注释的方法进行说明，即在页面的下方作脚注，这种方法在文科的学位论文中比较常用。

六、学位论文中的论证

由于学位论文是一种议论文体，所以论证是学位论文的主要表达手段，也是议论文体中的重要组成部分。

（一）议论的概念和构成

议论就是作者对客观事物进行分析和评论，以证明自己的见解和主张的一种表达方式。议论文体的基本特点是具有说服性，即要回答出为什么，要讲出道理来说服读者。在学位论文中，议论是构成文章的主要成分，它是作者对所提出的问题运用摆事实和讲道理，采取概念、判断、推理等逻辑推理和证明的手段来剖析事物、阐明事理、辨别是非的一种方法。

议论文体一般由论题、论点、论据、论证四部分组成，它们就是构成议论文的要素，各自有着不同的任务。

1. 论题

论题是作者在文章中提出来要进行讨论的问题，是论证的对象。论题并不代表作者的观点，也不表明作者对客观事物的认识。如"北方有无南方的震旦系存在？""庐山有无第四纪冰川？"这只是两个设问句，不表示判断，只是提出了问题,等待讨论。论题规定和限制了文章的论述范围和论述的重点,决定着议论展开的方向和途径,是贯穿全文内容和组织结构的线索。论题一般都出现在题目或前言中,其表达方式可以是设问句,也可以用突出主题中心的词组表示。如"庐山有无第四纪冰川?""基础教育改革势在必行"等。

2. 论点

论点又叫论断,是作者在分析、研究客观事物的基础上所形成的主张和看法,是作者思想认识的结晶,是学位论文的灵魂。论点又分为中心论点和分论点,中心论点也叫基本论点和总论点。中心论点之下,往往有若干个分论点,分论点之下也许还有小论点,它们共同构成了学位论文的纲目。

中心论点是作者对所论述的问题的最基本的看法,是作者在文章中所提出的最主要的思想观点,是全部分论点的高度概括和集中。分论点是从属于中心论点并为阐明中心论点服务的若干思想观点。各分论点也需要加以论证。凡经证明了的论点也就成为论证中心论点的有力论据。

对论点的要求,一要正确,二要鲜明,三要一致,四要深刻,五要有新意。论点的形成途径有很多,常用的有以下几种:典型分析,即通过分析典型事物得出论点;综合分析,即对一类事物进行综合分析后概括出论点;纵横分析,即追溯事物的发展过程,或从同类事物之间的比较中得出论点;多角度分析,即从事物的不同角度、不同侧面进行分析后得出论点。

3. 论据

论据是作者用来证明论点的材料和依据,只有论据充分,论点才有说服力,其任务是回答"为什么"的问题。论据分为事实性论据和理论性论据。事实论据就是在科学研究、科学调查中所得到的事实材料、理论数据等。撰写学位论文,必须以事实说话,以确凿的事实证明论点的正确性。理论性论据是指已被证明了的科学道理,因为它们具有无可辩驳的真理性,所以具有很强的说服力,如科学定义、定理、公理、法则、规律、常识、名言、警句、成语等都是理论性论据。

学位论文对论据有如下要求：一是论据要真实，即要用那些能够产生论点，与论点有直接内在联系的材料，而且所用材料要有出处。尽量占有第一手材料，对于第二手材料一定要严格审查核对，做到不造假、不走样、不失真。二是论据要典型，即运用具有代表性的，最能反映事物本质的材料。三是论据要鲜明。四是论据要充实，论据越充实，论点就越能得到充分的证明，也就能避免结果的特殊性和偶然性。

4. 论证

论证指运用论据证明论点的过程和方法。论证过程就是分析问题、证实论点、得出结论的过程。论证方法就是用论据来阐明观点，揭示论点和论据之间的内在联系、从而证明论点正确的方法。它的任务是回答"怎样证明"的问题。

论证方法有立论和驳论两种。立论是从正面直接论述观点和主张的方法；驳论是从批驳反面的、错误的或反动的观点入手，间接地证明自己观点和主张的方法。在论证过程中，立论和驳论经常结合运用，互为补充。

（二）学位论文的论证方法

学位论文的主要写法是论证，从形式逻辑角度来说，是运用论据证明论点的全部逻辑推理过程，也就是按照逻辑推理的规则，从论据中能够合乎逻辑地推导出论点来。因此可以说，论证的过程就是推理的过程，论证的形式就是推理的形式。所以，逻辑知识对写作学位论文是很有必要的。学位论文的论证方法多种多样，限于篇幅这里只介绍以下九种主要方法。

1. 归纳法

归纳法是通过对个别典型事例的研究分析，进行科学的概括和总结，推导出一般结论、原理、公式和原则的方法。也就是用典型的具体事实作论据来证明论点，即通常所说的"摆事实"的方法。它反映客观事物从个别到一般的关系。例如，有人剥花生，他在一筐花生中挑选了几个剥开，发现每个花生都有粉衣包着，从而得出结论：凡是花生都有粉衣包着。他用的是不完全归纳法，即根据人们对某一类事物中的部分对象具有共同属性的认识,概括总结出这一类对象都具有某种属性的一般性结论。当然,还有完全归纳法,即列举某类事物包括的所有对象之后,概括出一般性结论的方法。

2. 演绎法

演绎法是用人们已知的事理作论据来证明论点的论证方法。也就是用公认的科学理论、原则、定理、定律等作论据来证明自己的观点,是从一般到特殊的方法。例如,已知金属受到摩擦就会发热。因为这块铁受到摩擦,所以这块铁一定会发热。这是一个直言、肯定判断,它是以公理作为推理基础的演绎法。再如,从天王星轨道的计算来看,或者它是受到太阳系小行星带对它的作用,或者是它的外侧还有一颗未发现的行星对它的作用。经研究,小行星带对天王星的实际作用不符合计算结果。因此,推断天王星外肯定还有一颗人类尚未发现的行星存在。这是科学史上一个真实的推理过程,也因此发现了海王星。在某一场合下,当排除其他属性之后,该事物必然和某一属性发生联系。不过,这种推理只提供与某一属性发生联系的可能,并不能确证,还应通过实验来检验。

3. 因果法

因果法是通过分析事理揭示论据和论点之间的因果关系,来证明论点的一种论证方法。它可以用原因作论据来证明作为结果的论点,即用原因推导结果;也可以用结果作论据来证明作为论点的原因,即用结果推导原因。因果关系是客观世界普遍联系和相互制约的表现形式之一,所以因果分析法在学位论文中用得较多。但要注意,在运用因果分析法时,两种现象之间一定要存在着必然的联系,否则其因果关系是不成立的。

4. 类比法

类比法是将一类事物的某些相同方面进行比较,以另一事物的正确或谬误证明这一事物的正确或谬误的一种论证方法。应当注意的是,所类比的事物一定是同一类,具有本质方面的相同点。如果不属一类事物,虽有某些方面的相同点,但只可比喻,而不能类比。

5. 对比法

对比法是将论据中截然相反的两种情况进行比较。由于比较的双方形成鲜明的对照,所以这种方法特别能突出一方面的性质,具有很强的论证力量。对比可分横比和纵比。横比是将同一时期的两种性质截然不同的事物进行比较,如在开展精神文明建设中"真善美"与"假恶丑"的对比;纵比是把同一事物在不同时期的不同情况作比较,如把改革开放以后人民生活水平与以前人民的生活水平作对比,证明改革开放政策的正确性。

6. 喻证法

喻证法就是用打比方来说明道理的一种方法,也可叫作比喻法。它是运用类比推理形式进行论证的方法,即运用人们熟悉而又容易理解的事物来证明比较生疏和抽象的道理。在比喻论证中,论点是本体,是抽象的事物;论据是喻体,是与论点有某种联系的形象群。喻体和本体在本质上要有内在联系。恰到好处的比喻可以帮助作者说清道理。

7. 反证法

反证法是从相反的方面入手,证明与正面论点相矛盾的另一个论点是错误的,从而证明其论点的正确性。

8. 归谬法

归谬法是先假定对方的论点是对的,然后用它作为前提导出一个明显荒谬的结论,从而证明对方的论点是错误的。这种方法由假定可以成立的前提出发,经过逻辑推理引出结论,然后进行反驳。这种方法逻辑性强,富有说服力,而且往往用极通俗的事理来反驳,能够为较多的人所信服。

9. 反驳法

反驳法是根据已知的正确判断来论证对方的错误判断,最终证明对方的论点也是错误的。反驳的方法有驳论点、驳论据、驳论证。

（1）驳论点。驳论点有直接反驳和间接反驳。直接反驳是用事实和道理直接证明对方的论点是错误的。间接反驳是不直接涉及错误论点,而是用间接的方法批驳对方的论点。上面讲的反证法和归谬法都是间接的反驳方法。

（2）驳论据。这是通过揭露对方论据的虚假性来证明论点不能成立的一种方法。错误或虚假的论据必然导致错误或虚假或不能成立的论点,驳倒了论据,论点自然站不住脚。

（3）驳论证。是通过揭露对方论证方法上的错误,进而证明对方的论点也是错误的。论证错误有偷换概念和循环论证等。

总之,在学位论文写作中,一般并不只运用一种论证方法,而是多种方法结合使用。论证方法应该灵活运用,哪种方法适合于论题,就用哪种方法,以取得最佳论证效果为目的。

第三节 写作过程

学位论文的写作过程与学术论文写作过程相似,首先要列出提纲,按照提纲写成初稿,然后对初稿进行修改加工。因为学位论文可能有一些相应的图表材料等,所以最后还要进行必要的整理。

一、编写提纲

提纲的编写是进一步完善论文构思的过程。提纲是论文写作的蓝图,是全篇论文的框架结构。编写提纲的过程,就是理清思路,形成粗线条的论文逻辑体系,构建论文框架的过程。按照编写好的提纲来展开论文结构,是组织论文的一种有效方法。

（一）提纲的作用

提纲是论文的前期形态和简化形式,是论文的设计蓝图,是作者总体构思的文字体现。提纲的主要作用在于帮助作者把握全局,纵览论文全貌,分清层次和主次,安排详略、疏密,及时调整思路,形成合理的结构。提纲可以把作者初步形成的思路、观点、想法等用文字形式固定下来。在写作的过程中,随着认识的深化会有许多新的想法、新的发现,使原来的设想得到修改、补充,使之更加完善。在编写提纲过程中,为了把材料组成层次清楚、有严密逻辑关系的体系,不仅要对材料进行取舍、增删、调整,还要考虑全文的布局、观点与材料的安排、主要材料与次要材料的安排及论证的逻辑展开等。

有了提纲,作者写作时就能树立全局观点,从整体出发,检验每一部分在论文中的位置、作用、相互之间的关系,使所有材料都能为主题服务。有了好的提纲,写起来就可以不去考虑结构问题,起收分合、承接转换尽在提纲之中,避免松散零乱、脱节游离,减少了初稿写成后的大量修改工作。学位论文不可能一气呵成,只能断断续续地写作。有了完整的提纲,就不怕因中断写作而影响思路,随时写作随时就可以接上思路。而且,也不一定非按从头到尾的自然顺序来写,可以根据条件的成熟程度,先写其中的某一部分,然后再写其他部分,最后组成一个完整的篇章。

(二)提纲的要求

主题和材料是学位论文的内容,结构和语言是论文的形式。为了表现主题思想,必须合理安排内容结构。提纲要根据主题需要勾勒论文结构的大块图样,并把材料分配到论文的各个部分。提纲的拟写要项目齐全,能初步构成论文的轮廓,应尽量写得详细一些,内容包括:题目(暂拟),论文的宗旨、目的,中心论点所隶属的各个分论点,各个分论点所隶属的小论点,各小论点所隶属的论据材料(理论材料,事实材料),每个层次采取的论证方法,结论等。这样纲目清楚、主题明确,能较好地表达作者的观点。在拟订提纲时,还要考虑各章节的含义是否相关,互相之间是怎样联系的,各部分在文中起什么作用,该用多大篇幅,并且还要注意拟写提纲的详略。有些作者对思考比较成熟的部分在提纲中写得详细,而对尚未思考成熟的问题则写得很简略,这样就发现了论文写作的薄弱环节,进而可对提纲进行补充和修改。所以,一般来说,提纲是由略到详,经过反复思考,逐步修改完成的。

(三)提纲的写法

提纲有标题式(目录式)、论点式、提要式等。

1. 标题式(目录式)提纲

标题式是最普遍且简单的一种提纲写法。也就是把拟写的论文题目和各个部分的大标题、小标题都列出来,形成论文目录,也便是提纲了。学术著作、教科书等都有目录,这些目录全面、准确地反映了书中的内容,是一个既简洁又明了的写作提纲。不足的是,标题式提纲所反映的信息量不大,只有作者自己明白,别人只能看个大概意思。当然,提纲只是给作者本人看的,只要自己能看明白就行。

2. 论点式提纲

论点式提纲有两种,一种是不写各部分的标题,只把中心论点和各分论点列出来,这种提纲的格式如下。

(1)中心论点

(2)分论点1

(3)小论点1

(4)论据1

(5)论据2

(6)小论点2

(7)论据1

(8)论据2

(9)分论点2

(10)小论点1

(11)论据1

(12)论据2

这种提纲适合不设小标题,全文只有一个大题目的论文。缺点是没有段落和层次,条理性较差。另一种是在标题式提纲的基础上,加入中心论点和各分论点。这种写法的特点是层次性强,结构清楚。

3. 提要式(中心句)提纲

如果在标题式提纲中加入论点论据,再插进主要材料和展开部分,以要点的形式概括各个层次的基本内容,形成各部分的提要,便成了提要式提纲。这种提纲列起来可能费事,但到写作时就省事多了。因为论文已基本成形了,再加进一些材料,细化一下便可作为论文的初稿。当然也有不列标题的提纲,其层次也就不清晰,甚至连作者自己也看不懂,因此要标明序号。

提纲的写法有定式也无定式,主要根据作者自己的习惯和具体写作对象而定,只要能起到捋顺思路、深化主题、突出重点、帮助写作的作用即可。

对于学位论文,建议提纲写好后一定要经导师审定。因为从提纲上可以了解作者对问题认识的深度和掌握材料的广度,也可以了解作者的基本观点、总体构思和谋篇布局,得到导师的及时指导,可以使提纲更加合理、完善。

二、撰写初稿

学位论文初稿的写作就是依据提纲,将课题研究获得的结果、形成的结论,以书面语言和学位论文要求的规范表述出来。

(一)撰写初稿的意义

初稿的写作是论文形成过程中最重要的工作阶段。它既是对论文从内容到形式的精雕细琢的过程,又是作者思想认识不断深化的过程。初稿的目的是要把所有想写的内容全部表达出来,对全部实验数据和资料进行详细的分析、归类。从初稿的写作过程还可及时发现研究工作有无不足或错误,从这个意义上讲初稿的写作是研究工作的重要部分。

(二)初稿的撰写方法

初稿的写法主要有严格顺序法、一气呵成法、分段写作法、重点写作法和本论优先法等。

1. 严格顺序法

严格顺序法是按照提纲上排列的顺序,从开头到结尾、从绪论到本论再到结论的写法;或先写材料后综合分析,写出抽象概括所得的概念,然后引出结论,即把材料放在前面,然后提出作者的观点。这是论文写作的一般的和最常用的写法,符合人们的思维习惯,也符合作者认识客观事物的基本规律,具有较强的说服力。因为人们在思考问题时,总是先提出问题,然后分析问题、解决问题。这种写法的好处是文思贯通,避免材料和内容的重复。如果一开始就写得不顺,这可能有两个原因:一是提纲没写好,思路不畅,这时就要对提纲进行检查,捋顺思路,然后再写。二是个人的写作状态不好,在作家圈里称其为"进不去"。这时不要强迫自己去写,干脆放几天不想它,干点别的事情调整一下心态,待心态宁静之后把思想沉下去,然后一头扎下去进入状态。运用严格顺序法时不必担心论文篇幅太长,因为论文的最后形成还有待修改、加工。

2. 分段写作法

分段写作法是指作者从最先考虑成熟的内容开始动笔,先完成此部分内容的写作,其余内容在考虑成熟或进一步研究后再进行写作。如此这般,一段一段地写,最后组装成篇。全文写完后,经过修改则可以初步定稿。从时间上说,学位论文不可能一口气写完,总要分阶段,一部分一部分地写。从内容上说,根据自己的构思和对论文内容的把握程度,把论文划分成若干个长短不同的部分,然后选择自己觉得最成熟的部分来写。当论文的主要论点已经形成,但论点的说明或阐述需分若干段落、层次,则可采取分段写作法形成初稿。用这种写法,每一次最好完成一个完整的部分,以便下次接着往下写时大体考虑一遍已写过的内容,就可顺势写下去。学位论文的组织安排有着与其他文章不同的特点,其层次之间既有内在联系,又有相对的独立性,所以分段写作不会太影响论文整体的畅通。而且在各部分组装成篇后,在部分与部分之间要进行"焊接",即用一些过渡段或过渡词语进行连接,使其天衣无缝、浑然一体。

3. 重点写作法

重点写作法是指从论文的核心章节开始的写作。若作者对论文的主要论点及论据已经明确，但一气呵成的条件还不十分成熟，则可采用重点写作法。这种写法不是按论文的自然顺序写，而是根据作者的构思分清主次，分别写作，最后组装成篇。尽管作者对资料经过反复研究、精心设计和布局，但在动笔时很难对全篇内容的每一细节都想得十分透彻、周密。因此，可以先把最想写的重点内容写出来，然后再对各个细节逐一补充，使全文"有血有肉"。

4. 本论优先法

先写好本论、结论，然后再回过头来写摘要、前言和绪论。这是因为，本论是作者科研成果的集中反映，是作者在科研过程中思考最多的、最深思熟虑的问题，写起来比较顺手。同时，在本论和结论写好后，再写摘要和绪论就有了内容，因为摘要和绪论中都要求提出问题，提示结论和论文要点。另外，还有一种叫"主句开路"的写法，即在一段的开头或其他适当地方，先提出作者从实际材料中得到的抽象和概括的结果，也就是作者的观点，然后再列举一系列事实加以论证，这也可以收到较好的效果。

以上四种关于初稿写作的方法是就一般情况而言的，并不是对任何作者都适用的。因为每个人的思维方法和方式不同，论文构思、写作习惯、风格也不同，因此，不可能用几个简单的模式要求每一位作者都去遵循。作者只有通过反复地写作实践，才能总结出适合自己风格的一套写作方法。而论文写作方式也只有通过作者的具体实践，并与作者自身思维方式相结合，才能产生较好的写作效果。

(三)初稿写作的要求

1. 尊重提纲

既然拟定了提纲，就要围绕提纲逐章写作，尽可能不打乱原定章节顺序，以便系统地编排材料，使文章条理清楚，不出现遗漏或重复的现象。还要注意，不要先撰写后面的理论分析部分，然后补写前面的材料部分，顺序颠倒，以致使论文的逻辑性受到影响。更不能离开提纲另搞一套。当然,提纲只是一个粗线条的轮廓,不可能把每一个论点、论据和细节都考虑到。因此在写作初稿时,随着认识的深化,对提纲可以进行必要的调整和修改。

2. 纵览全局

在撰写初稿时,要从全局出发,如何开头、如何展开、如何结尾,层次段落如何照应、如何衔接等,都要胸有成竹、纵览全局。写作初稿时要把已有的成熟见解顺利地表达出来,不要在枝节上停留。写初稿应该放开胆量,十步九回头或过于在枝节上花费心思,反而容易打乱思路,影响全文的周密思考和组织安排。

3. 用尽材料

要尽可能在初稿中把自己事先所想到的全部内容写进去,初稿内容要尽量充分,即使有些重复也不要紧。如果初稿写得单薄,就会给修改增加麻烦。当然,也要防止不加分析地进行资料和数据的堆砌,形成"材料仓库"。

4. 合乎规范

行文要符合学位论文写作规范。论点、论据、论证等内容,纲目分明,逻辑清楚,详略得当。论文中量的符号、单位、图、表、公式的书写也要符合规范要求。

5. 准确无误

文中引用的数据、资料、参考文献等,在初稿中就一定要核实准确。特别是运用术语和引用别人提出的概念时,必须切实掌握这些术语和概念的准确含义,正确理解原提出者的思想。当作者根据自己的研究结果,认为某个术语有必要修改,或有必要赋予它新的含义时,应说明理由,并写出修改后的内容。参考文献要及时编上序号,注明出处。图表也应放在相应的位置,不能不管前后堆在一起。

三、修改加工

学位论文的写作过程是一个不断修改的过程。修改就是对论文初稿所写的内容不断加深认识,对论文表达形式不断优化,直到定稿。"不改不成文",这句话说明了修改在论文形成全过程中的重要作用。好的论文是写出来的,同时也是改出来的。因为要在一篇论文中反映出研究的成果,是件很不容易的事情。它涉及很多新的观点,需要丰富的材料进行反复的论证,从而形成一个严密的、完整的、科学的逻辑体系,而这只有经过反复研究、深入思考、认真修改,才能达到目标。对论文的认真修改,也有助于个人科研水平的提高。每一次修改都是对客观事物的再认识,是对写作规律的总结,是对读者负责的表现。写出的东西是给别人看的,如果论文中存在很多问题使别人看不懂,就失去了写作的意义。从这个意义上说,修改加工也是对自己负责。总之,修改不是可有可无的,而是必须认真完成的一项工作。

(一)修改的范围

修改的目的既然是为了使论文能够更准确、更鲜明地表述研究成果,那么就修改的范围而言,总的说来就是发现什么问题就修改什么问题。修改范围包括内容和形式两个方面。内容指观点和材料,形式指结构和语言。

1. 内容上的修改

(1)修改观点。观点是学位论文的灵魂,它体现着论文的价值,是修改时首先应该注意的问题。修改观点应从两方面进行:一是观点的订正,检查全文的论点及由它说明的若干问题是否带有片面性或表述不够准确的问题,需要进行反复斟酌和推敲。如发现问题应重新查阅资料,对实验方法及数据给予增补、改换。二是观点的深化,应检查自己的论点是否与别人雷同,有无新意。如果全篇或大多数观点都是别人已经阐述过的,并没有自己的见解和新意,那么就应从新的角度提炼观点,形成自己的见解。否则,宁可"报废",也不勉强凑合成文。

(2)修改材料。材料是文章的血肉。初稿中的材料一般只是按顺序罗列。修改材料就是通过对这些材料的"增、删、换、改",使文章"骨肉"丰满、观点明确、论点和材料达到和谐统一。所谓"增"就是为了使支持和说明观点的材料更充分,增加多种层次、多种属性的材料作多方面的论证。如果材料单薄、不全,则论点立论就不稳,应当再次选材,增加内容,弥补缺陷,使之丰润、饱满。例如,对于实验型论文,不能仅靠很少的几个实验数据便给出主观想象或希望得到的实验结论,这种做法是违背科学研究规律的。如果发现这种情况,则应及时增补实验内容,获取更多的实验数据,使论点站得住脚。"删"即是净化和精炼材料,突出重点。成功的论文不是材料的堆砌,例如,若所用材料有相似的情况,应适当归类、合并,去掉累赘。最后,纵观全文,所用的材料应该是充分而必要的,且质量可靠、数量适度。"换"即初稿中的材料如果并不都是最令人满意的、最恰当的,那么为了使所用材料更准确、更有说服力,可对材料进行适当调换。"改"就是改动材料。一是改动材料在全文中的位置,使各部分材料遵旨定位,强有力地支持论点,增加论证的逻辑效果;二是改换新的材料,丢掉不甚典型、不甚新颖和说服力不强的材料,使文章内容精练、中心突出。

2. 形式上的修改

形式方面的修改主要考虑结构和语言,如从大的部分到小的段落构成是否完整,段与段、部分与部分之间的衔接是否恰当;句子是否正确地表达了内容;用词是否准确;书面格式是否符合规范等。

(1)修改结构。结构是论文表现形式的重要因素。结构的优劣,直接关系着论文整体大局和内容的表现效果。初稿写完后,首先检查是否符合学位论文的结构和形式方面的要求,层次脉络是否清楚分明,思想内容是否得到了顺畅的表达。其次,检查论文各部分的安排是否妥当,开头、结尾、段落、层次、过渡、照应、主次、详略等各个环节是否合适。若有不理想的地方,就应进行修改。一般是作部分修改,很少全部打乱,从头开始。结构的修改要从大处着眼、抓住主要矛盾,目的是更鲜明、更准确地表现论文主题。

(2)修改语言。语言是形式的主要表现内容。修改语言的目的是使论文的观点得到准确、鲜明、简练、生动的表达。学位论文的语言属于专门科学语体,其语言特征表现为准确、简练、严密。准确就是用语周密、恰当、有分寸;简练指用简单的字句去表现丰富的内容,使之"文约而事丰";严密指语言要合乎规范,表述要符合实际,实事求是,诸如"首创""填补了空白""达到了国内外先进水平"等一般不宜采用。论文一般不用第一和第二人称。第一人称往往给读者以听讲演、受教育的感觉,容易引起读者的反感;第二人称则给读者以咄咄逼人的论战姿态,使人畏而远之。即使是批驳型论文也应以"商量"的口气,摆实事、讲道理,不要用大话压人,与别人展开讨论时不能用带有诽谤、攻击性的语言。语言的可读性也不容忽视,文稿中的语句难免出现重复、生涩的现象,这就需要进行加工修改。此外,图表是论文的特殊语言,在进行这部分内容的修改时,还应检查一下文章中图表数据是否可靠,形式是否规范,符号是否符合要求,标点是否合理等。

(二)修改的方法

修改论文很难有一个固定的方法,每个人的思维方式、写作习惯不同,修改的方法自然不同。根据学位论文的特点,一般来说,有效的修改方法有下列四种。

1. 整体着眼,通篇考虑

修改时应反复阅读初稿,注意从大的方面发现问题,先不要纠结枝节上的毛病。所谓大的方面即指论文的基本观点、主要论据是否成立,全文布局是否合理,论点是否明确;结论是否恰当;论证是否严谨;全文各个部分是否形成了一个有机整体。

2. 逐步推敲,精细雕琢

初稿完成后,可逐字、逐句、逐段地审看,挑瑕疵、找毛病,发现问题并及时解决。一般地讲,这种修改方法需要事先对全文作大体上的通读,对文中各个部分的表述基本上做到心中有数。如果盲目进行不仅效果甚微,还会越改越乱,越改越不称心。

3. 虚心求教,请人帮助

初稿写成后,作者头脑里已经形成了一个框框,修改时其很难从这个框框里跳出来。同时,作者对自己煞费苦心写出的初稿往往十分偏爱,很难割舍,这种心情是正常的。这时,为了保证论文的质量,最好的办法就是虚心向别人求教,把自己的稿子送给同行、专家或导师看,请他们提意见。然后,认真分析所提意见,再作修改。实践表明,这种方法可以避免较大的失误出现。

4. 暂时搁置,日后再改

这是一种灵活的修改方法。初稿写完,作者的头脑往往仍处于高度兴奋的状态,思想也常常陶然于论文的内容之中。此时急于修改,往往不容易发现主要问题。一个有效的方法是先把原稿搁置起来,让紧张的头脑暂时轻松一下,日后再改。

四、整理定稿

整理定稿包括对学位论文初稿的压缩、打印等工作,这是学位论文写作的最后一个环节。

(一)初稿的压缩

学位论文并不是越长越好,所以,最后常常要对初稿进行压缩,即对论文做进一步的提炼、精简。压缩可从以下四个方面考虑。

1. 压缩引言

引言的作用是交代课题研究背景、研究动态、本文目的及主要研究方法和手段,这对支持论点是有重要作用的,但引言毕竟不是全文的核心。因此,语言应力求简练,否则会有喧宾夺主之感。

2. 压缩论证过程

学位论文不是教科书,对论点的论证不必从基本的原理说起。有的作者唯恐读者看不懂或担心论证有漏洞,在论证时不惜笔墨地从基本知识讲起,原想使论文天衣无缝、顺理成章,结果却恰恰相反,降低了论文的学术价值。因此,对原稿中那些众人皆知的事实,要尽量压缩。

3. 压缩图表

图表是论文常用的一种特殊语言。图表的使用除了要规范,还要避免过多的图表使论文结构显得混乱的现象,降低可读性。此外,图表中已表达清楚的内容,一般不再作过多的文字叙述；过分简单的图表，也应改为文字描述。

4. 压缩参考文献

参考文献是论文的一个组成部分。但是，参考文献也不是越多越好，过多反而使读者无所适从。一般只录入对论文论点、论据、研究方法及结论等有关联作用的文献。

（二）定稿打印

定稿是学位论文写作的最后程序。论文经过反复修改后，作者感觉其在内容和形式上都符合有关要求，便可定稿。定稿后，便可按学位论文提交的有关规范，打印、装订纸质文本及制作光盘。

第四章　学位论文的著录规范

学位论文的著录规范是指专业学位论文写作中引文、注释、参考文献、图表等内容和格式的规范和要求。著录规范是学术规范的重要内容，是研究生在撰写学位论文时必须遵循的准则。良好的著录规范不仅使论文版面更加清晰规整，有利于评阅者阅读，也反映了研究生的学术功底和学术态度。本章分别介绍了参考文献、图表、标点符号、计量单位等使用规范，以期为研究生撰写学位论文提供参考。

第一节　参考文献规范

参考文献是为撰写论文或著作而引用或参考的有关文献资料，通常附在学位论文结论之后，有时也出现在正文中。参考文献是学位论文的重要组成部分。因为绝大多数的研究都是在前人研究的基础之上进行的，不可避免地要学习和借鉴他人的研究成果。既然是借鉴他人的研究成果，就应该标明出处。正确使用和标注参考文献是研究生论文写作的基本要求。

一、引用的基本原则

在学位论文中，文献引用的重要性不言而喻。不少高校对学位论文写作都明确提出了文献引用的基本要求，包括文献引用的数量、来源等。一般而言，文献的引用，应遵循三个原则，即权威性原则、时效性原则、确当性原则。

（一）权威性原则

每个领域、每个学科都有一些被学术共同体普遍认可且认可度较高的机构、学者、论文、著作等。因此,在进行文献引用时,应尽可能地引用这些权威机构、人士的观点,引用经典的论文、著作。如果不引用这些成果,或刻意回避这些成果,其论证的可信度难免会受到影响,论文的创新性也会令人质疑。

(二)时效性原则

科学在时间的长河中持续向前发展,知识在不断更新,文献也在不断更替。因此,参考文献的引用应尽量注意文献的时效性。时效性是论文质量的重要指标。一般而言,时效性要求参考文献的引用以近期文献为主。以期刊论文为例,期刊出版周期短,研究内容较新颖,更能反映科学研究的选题背景与发展动态。因此,期刊论文的引用一般以近5年的文献为主。当然,不同的学科和研究领域的要求也不尽相同。例如,历史研究、考古研究等方向的论文可能更加需要相对久远的文献作为支撑。

(三)确当性原则

文献引用必须建立在论证需要的基础之上,这就要求引文应确切、适当。虽然引用文献的数量、时效性是论文质量的重要指标,但数量和时效性必须建立在文献的确当性基础之上。作者必须正确理解论文的关键问题和关键论点,根据研究的需要进行文献的引用。引用文献绝不是越多越好,越新越好。没看过的论文不要引,不需要的论文不要引,将所引用的最重要、最关键和最新的文献列出即可。

二、正文中参考文献标注方法

正文中引用的文献的标注方法主要有两种,分别是顺序编码制和著者－出版年制。同一篇论文中只能采用一种标注方法,不能混合使用。

(一)顺序编码制

顺序编码制是参考文献的一种标注体系,即按正文中引用的文献出现的先后顺序连续编码,将序号置于方括号中。如果顺序编码制用脚注方式时,序号可由计算机自动生成圈码。

用顺序编码制著录参考文献时,经常会遇到以下两种特殊情况:一是同一处引用多篇文献。此时只需要将各篇文章的序号在方括号内全部列出，各序号间用"，"分隔。如果遇到连续序号，起讫序号间用短横线连接。此规则不适用于用计算机自动编码的序号。虽然引文的数量是评价文章质量的重要指标，但文献引用时，不能一味强调数量指标。二是多次引用同一著者的同一文献。这时，一般只标注首次出现的文献序号。为了区别对待，通常在序号的"[ ]"外著录引文页码。如果用计算机自动编序号时，应重复著录参考文献，但参考文献表中的著录项目可简化为文献序号及引文页码。

（二）著者–出版年制

正文引用的文献采用著者–出版年制时，各篇文献的标注内容由著者姓氏与出版年构成，并置于圆括号"（）"内，字体、字号与正文相同。倘若只标注著者姓氏而无法识别该人名时，可标注著者姓名，例如中国人、韩国人、日本人用汉字书写的姓名。集体著者著述的文献可标注机关团体名称。倘若正文中已提及著者姓名，则只需在其后的"（）"内著录出版年。在正文中引用多著者文献时，对欧美著者只需标注第一个著者的姓，其后附"et al."；对中国著者应标注第一著者的姓名，其后附"等"字。姓氏与"et al.""等"之间留适当空隙。多次引用同一著者的同一文献，在正文中标注著者与出版年，并在"（）"外以角标的形式著录引文页码。

三、文后参考文献标注方法

引用文献，除了要在正文中标注来源和出处，还要在论文后面列出参考文献。学位论文的文后参考文献一般按著者姓氏笔画或姓氏首字母的顺序排列。同时，如果参考文献涉及多文种（如中文、英文、日文等），则应根据文种分类列出。文后参考文献的内容和格式也有基本的规范和要求，其著录内容与格式如下。

（一）主要责任者

主要责任者是对文献的知识内容或艺术内容负主要责任的个人或团体。多个责任者之间以"，"分隔，责任者超过3人时，只著录前3个责任者，其后加"，等"，英文加"，et al"。当作者不明时，此项可省略。

（二）文献名及版本

文献名包括书名、论文题名、专利题名、析出题名等。文献名不加书名号"《》"。

（三）文献类型与载体类型标识

根据国家标准 GB/T 3469—1983《文献类型与文献载体代码》规定,以英文大写字母方式标识以下各种参考文献类型标识：专著［M］,会议录［C］,报纸文章［N］,期刊文章［J］,学位论文［D］,报告［R］,标准［S］,专利［P］,档案［A］,电子公告［EB］,其他未说明的文献［Z］。

对于非纸张型载体的电子文献,当其被引用为参考文献时需在参考文献类型标识中同时标明其载体类型,一般采用以下标识：磁带［MT］,磁盘［DK］,光盘［CD］,联机网络［OL］。电子文献类型与载体类型标识基本格式为［文献类型标识/载体类型标识］,例如,［EB/OL］——网上电子公告。

（四）出版项

出版项包括出版地、出版者、出版时间。出版地指出版者的城市名,出版社必须全称。对于报纸和专利文献,要著录出版日期,其形式为"YYYY-MM-DD"。对于电子文献需要标明其获得地址。

（五）参考文献起止页码

参考文献的最末一项一般为页码,指引文所在的位置编码。如果正文中已经标注页码,文后参考文献页码通常可以省略。在文后标注页码时,如为起止页,则在2个数字之间用短横线。若论文中多次引用同一文献的多处内容,则应依次著录相应的引文所在页码或起止页码,各次之间用"；"相隔。

第二节　图表规范

图表是学位论文成果可视化的重要手段。很多学位论文中,图表是数据体现的重要载体,也是结论展示的重要形式。图表能够直观地显示信息属性,具有其他表述方法所不能替代的特征。从某种意义上讲,图表可以理解为与叙述、议论、说明等并列的一种独立的表达方法。图表在学位论文尤其在理工科类学位论文中,被誉为"工程语言"。图表在学位论文中的使用,有其基本的规范和要求,即规矩、简单、美观、专业。

一、插图种类及其要求

(一)插图的种类

插图是形象化的语言,它能够使内容的表述更加简洁、清晰和准确,便于阅读和理解。学位论文中的插图形式多样化,主要包括函数曲线图、点图、等值线图、直条图、构成图、示意图、流程图、照片图等。它们的区别如表4-1所示。

表4-1 插图类型及其特点

插图类型	特点
函数曲线图	函数曲线图由图序、图题、标目、标值、坐标轴、曲线、图注、说明组成
点图	点图是用散点表示的函数关系,其构成与函数曲线图相同。同一属性的点采用同一种点表示,同一个图形有多种属性点时,可分别用不同的符号来表示
等值线图	等值线图是用线条反映某种物理量在平面、曲面或切割面上分布的图形,常见的有地形图中的等高线,海洋或湖泊的等深线等,须标出每条线条的物理量大小和单位
直条图	直条图或称直方图,使用宽度相同而高度不同的直条表示相对独立的量的大小。其特点是能非常直观地反映物理量的大小。直条图可以直画,也可横画,但必须有共同的基线,即从"0"开始。直条图较长时,中间可用折线,并标明数字
构成图	构成图可以是直条构成图的形式,更多的时候,我们会用饼状图的形式
示意图	示意图包括结构示意图和工作原理图两种。结构示意图将构成简单示意进行呈现,电路图、施工步骤图等则是常见工作原理图
流程图	流程图包括计算机程序图、施工工艺流程图、机构设置图等
照片图	照片图多用来作为需要分清深、浅、浓、淡,层次变化丰富的插图。具有形象逼真、立体感强的特点,可以是黑白照片图,也可以是彩色照片图。彩色照片色彩丰富、形象逼真,表达效果理想,但印制成本高。学术论文中一般采用黑白照片图

（二）插图设计和绘制的要求

1. 插图必须服务于论文内容表达的需要

插图应与论文其他表达形式有机融合,形成一体,服务于论文的内容表达。

2. 插图应当写实,应客观地呈现对象,不能夸张也不能杜撰

插图通常是对文字内容的进一步说明,必须与文字内容契合,保持一致。

3. 插图应具有自明性

插图虽然作为论文的一个组成部分,但同时也具有相对独立性,即只看插图本身,不看正文也能直观明了地理解图意。

4. 插图一般随文编排

论文写作中,对于能够用简明文字表述的内容,可不设计插图。插图通常是对文字内容的形象化表达,因此不能先出现插图再出现文字,插图通常出现在文中第一次提到它的段落后面。

5. 插图要注明图序和图题,并居中标注在图下方

如有多张插图,可用阿拉伯数字,如图1、图2、图3等,依序标注。

6. 插图内图注、计量单位等的表述应简洁、明确、准确、规范

插图内各种符号、计量单位名称、专业术语的使用必须符合专业标准,术语名称也应与文中保持一致。

二、表格种类及其要求

表格是一种可视化交流模式,是用来表达数据和事物分类的一种手段。相对于文字而言,表格对数据和事物分类的表述通常更加准确、简洁、清晰,具有逻辑性,便于理解。

（一）表格的分类

常见的表格主要有三类,分别为无线表、系统表和卡线表。其中,卡线表经过改造,简化为三线表,成为当前学位论文中最常用的表格形式。

1. 无线表

无线表,顾名思义,即表中无任何表线的表格。该类表通常涉及的项目较少,内容也较为简单(表4-2)。

表4-2 考试科目成绩表

编号	科目	成绩
1	语文	95
2	数学	98
3	英语	96

2. 系统表

凡表述隶属关系的多层次事项时,采用系统表。系统表只用横线、竖线或括号将文字连接起来,形成一个有机的系统(表4-3)。

表4-3 测量的条件与方法

测量的条件与方法	信度	重测法
		复份法
		分半法
	效度	——
	难度	——
	区分度	——

3. 卡线表

卡线表是论文中普遍采用的表格形式。通常项目多、数据复杂的内容都采用这种形式。它是由横线、竖线组成表格的行线和栏线,从而形成许多小方框,项目名称和数据相应地填在小方框中。表格栏头用斜线分开,斜线左下方标注纵向栏目的属性,斜线右上方标注横向栏目的属性(见表4-4)。

表4-4 学生成绩方差分析表

指标 类别	平方和	自由度	方差	F
组间差异	339.6	4	84.9	15.72**
组内差异	54	10	5.4	——
总差异	393.6	14	——	——

注:"——"表示无数据,全书后同。

卡线表虽然阅读清晰,避免串行,但有栏头斜线排版难度大,而且分隔线过多。为此,通过对卡线表简化和改造,相应产生了三线表。三线表取消了栏头斜线,省略了横、竖分隔线,通常一个表只有3条线,即顶线、底线和栏目线。三线表保留了传统的卡线表的全部功能,克服了卡线表的不足,增强了表格的简明性,减少了排版的难度。所以目前学位论文广泛采用三线表。三线表示例见表4-5。

表4-5 学生成绩方差分析表

差异 来源	平方和	自由度	方差	F
组间差异	339.6	4	84.9	15.72**
组内差异	54	10	5.4	
总差异	393.6	14	—	—

2. 表格的设计和编制要求

(1) 表格内容应精选。以列表的形式呈现论文内容,目的就在于以简洁、直观地形式表达内容。因此,应根据要描述的对象和表格功能确定是否采用表格。能够用简洁的文字说明或已经通过其他形式表述过的内容可不再列表,以免重复。

(2) 表格应具有自明性。不仅表格的数据要与表格栏目名称保持一致,而且表格栏目名称应与正文保持一致。术语和符号的使用要科学规范。

(3) 表格的编制应科学有序,栏目对应的内容应清晰、规范。表格一般由表序、表题、栏目、表身、表注等组成。

表序应依其在正文中出现的先后顺序用阿拉伯数字进行编号,如只有一个表格,应编号为1。表序与表题之间应空一字格,居中排列于表格顶线上方。

栏目内的信息归类要正确,能够反映该栏信息的特征和属性。当栏目呈现多层级性质时,可以用辅助线解决项目的多层次问题。

栏目线以下、底线以上的部分称作表身,构成了表格的主体。表格中同类型数字的单位应归并在项目栏中;如果表格内所有栏目的量和单位均相同,可将共同的单位标在表格顶线的右上角处。表格中的同类型数字上下小数点应对齐,保留相同位数或有效数字。表身内上下栏或左右栏内容相同时,应逐项填写,不能用"同上""同左"来表示。

表注是对表格中有关事项作补充说明的文字,一般排在表格下方。如果表注存在多条时,可以给每条表注编上序号,并且注释之间用分号隔开。另外,也可以在表身的右端加上备注栏。

第三节　其他规范

学位论文的著录规范,除参考文献、图表外,还涉及注释、标点、计量单位等规范。

一、注释规范

在学位论文写作中,经常出现研究生将注释与参考文献混淆的现象。注释是对论文中相关内容、特定词汇与资料来源等所作的解释和说明。参考文献则是为撰写或编辑论文和著作而引用的有关文献信息资源。因此,相对于参考文献而言,注释不仅起到注明所引用资料出处的作用,方便读者知悉文章引用了哪些文献资料,分辨哪些是作者本人的观点,而且有助于进一步阐述正文中没有的观点和问题,增强文章的权威性和说服力。

学位论文的注释一般多采用脚注的形式,便于读者查阅。也偶尔见到尾注,但以尾注形式呈现时,应与参考文献进行区分对待。无论是脚注还是尾注,注释一般均应采用数字加圆圈的形式标注(如①②③),以区别于参考文献用数字加方括号的标注形式(如[1][2][3])。由于在实际撰写时,注释与参考文献的区分存在界限不够明晰的问题,注释有时也仅仅是注明引文出处,而没有对引文进行特别的释义和说明。此时,除应采用数字加圆圈的形式标注外,其他格式和规范均应参照前文关于参考文献的标注方法。

二、标点规范

标点是论文表述的有机组成部分,是书面上用于标明句读和语气的符号。标点在论文写作中具有重要的作用。标点包括点号与标号。点号的作用是点断,主要表示停顿和语气。点号分为句末点号和句内点号。句末点号包括句号、问号、叹号;句内点号包括逗号、顿号、分号、冒号。标号的作用是标明,主要标示某些成分(主要是词语)的特定性质和作用。标号包括引号、括号、破折号、省略号、着重号、连接号、间隔号、书名号、专名号、分隔号。

标点的使用,应参照中华人民共和国国家标准《标点符号用法》(GB/T 15834—2011)。一般而言,标点符号在全文中应统一规范,如果论文中不得不引用某些不易为同行或读者所理解的,或系作者自定的符号,均应在第一次出现时加以说明,并给出明确的定义。

三、计量单位规范

计量单位指为定量表示同种量的大小而约定的定义和采用的特定量。计量单位是研究数据必不可少的组成部分。计量单位的使用,应参照我国在1984年颁布的以国际单位制单位为主体的《中华人民共和国法定计量单位》规定标准。为准确使用法定计量单位,可参考根据中华人民共和国国家标准GB 3100~3102—93《量和单位》编制的《常用量和单位表》。

第五章 学位论文的开题报告

论文开题是研究生学位论文撰写的一个重要环节。开题报告是研究生在导师指导下完成的学位论文课题论证报告,是研究生向开题报告会提交的课题任务计划书。开题报告在研究生学位论文质量管理中具有重要作用。每位研究生在学位论文撰写阶段都要参加开题,通过审核后才能正式进入课题研究阶段。写好开题报告并顺利通过开题答辩,是研究生学位论文撰写的必经阶段。

第一节 开题报告主要作用与组织程序

研究生培养质量是研究生教育的生命线,而学位论文质量是衡量研究生培养质量的主要标志。学位论文质量的高低,很大程度上取决于开题报告的质量。开题报告是研究生关于学位论文的文字说明材料,它包括选题、综述、关键技术、可行性分析和时间安排等内容。

一、开题报告主要作用

开题报告的目的是对研究生论文选题的可行性进行论证。有关专家、学者听取研究生的汇报,并据此判断研究选题有没有价值,研究方法是否奏效,论证逻辑有没有明显缺陷,从而最终确定是否批准论文的选题。开题报告通常也是很多学校毕业论文答辩委员会对学生答辩资格审查的依据材料之一。

成功的开题报告,往往意味着学位论文工作完成了一半。撰写开题报告的过程,本质上就是论文选题的论证和设计过程,也是论证和设计的文本化过程。开题报告如果相对成熟,通常论文撰写就很顺手,能够做到胸有成竹,从而保证论文能保质保量地完成;开题报告如果流于形式,思路不清晰,写论文就会没有目标,没有方向,可能就要多走弯路,也很难保证论文的质量。因此,开题报告对于学位论文的撰写具有重要作用。

二、开题报告组织程序

开题报告是研究生学位论文质量管理的重要环节,也是研究生撰写学位论文必须经过的环节。了解该环节的基本流程,并根据流程做好相关准备,对于研究生而言至关重要。开题报告活动通常是以开题报告会的形式进行的。开题报告会一般由学院、学科或系组织召开,有时也由导师组织召开。虽然不同的研究生培养单位,其开题报告的组织程序与要求各有不同,但大致而言,其活动流程具有相似性。对于研究生而言,要完成开题报告,要重点关注以下四个流程。

(一)撰写开题报告

开题报告会,就是听取研究生的开题汇报,审阅研究生提交的纸质开题报告文本。因此,召开开题报告会之前,研究生必须完成开题报告文本的撰写。通常研究生在导师的指导下,在第一学年内就应确定学位论文的研究方向,确定论文的选题,并做好撰写开题报告的准备。开题报告文本的撰写有基本的形式和内容要求,各培养单位通常都为研究生开题报告文本提供了基本的模本。研究生应依照该模本认真撰写开题报告,并经导师认可后,提前数天呈送给开题报告会相关的专家委员,以供其提前审阅。研究生提交给各专家委员的开题报告,有时根据导师要求或课题研究的需要,还需要附加相关的支撑材料,如调查问卷、实验设计等。

(二)准备开题汇报

开题报告文本撰写完毕后,研究生应开始着手准备开题汇报。开题汇报通常以PPT的形式进行汇报。研究生应熟悉PPT的制作和操作规范,同时应对开题汇报内容了然于胸。只有做到这两点,才可能做出符合基本要求的PPT汇报材料。PPT开题汇报,首先应逻辑清晰。PPT汇报逻辑,一般适宜参照开题报告模本规定的顺序逐一进行,这样既方便研究生组织内容,也便于专家审阅报告。其次,开题汇报应内容简约。开题报告的文本内容很多,信息量大,但制作PPT时,应删繁就简,将核心思想和重要内容呈现其中,避免开题报告中大量内容的堆砌。最后应形式美观。PPT汇报主要是以视觉传达的方式进行选题论证和设计,要发挥视觉传达的优点,就应符合人们的正常审美观,做到形式美观,陈列合理。

(三)进行开题汇报

研究生根据开题报告文本完成PPT制作后,就要根据开题报告会的安排,按时参加开题答辩。研究生开题汇报的时间,一般以15～25分钟为宜。汇报时应参照PPT内容安排逻辑,逐页进行,但应重点突出,确保开题报告文本的逻辑,通过PPT的视觉传达及研究生的语言传达相结合的方式,得到完整、充分的呈现。一般而言,应重点说明选题拟解决的问题与研究的意义,宜具体,忌空泛;然后简单说明文献综述,重点在评述,以突出论文选题在当前研究中的位置、优势与突破点;在此基础上,应详细说明研究设计,如研究方法、技术路线、研究步骤等;最后说明课题的可行性和创新性。

(四)接受专家质询

研究生汇报完毕后,就要接受专家质询。专家质询的时间通常在15分钟左右,但质询的时间受多重因素影响,如研究生汇报的质量、课题选题本身和专家组对选题的兴趣度等。因此,实际质询时间往往表现出较大的差异性。

研究生在接受专家质询的过程中,应保持谦虚好学的精神,准备好纸笔,虚心求教,详细记录。开题不是答辩会,更不是辩论会。一般而言,开题过程中,主要以听取专家意见为主,如果专家没有要求研究生对提出的问题给予回答,那么研究生通常不必对其进行回应。相关的问题,研究生应在会上统一吸收并在会后逐一消化,对开题报告会上专家提出的一些没有明确要求作答,但又使研究生心存疑惑的问题,适宜会后单独征求专家更加深入的观点,并最终将相关意见反馈给导师,征询导师的意见。

研究生接受质询环节后,也就意味着开题报告会基本结束。此时,参加开题报告的评审小组通常要进行集体评议,给出评审意见、评定成绩等级,并在纸质的开题报告上填写评审意见和成绩等级。开题报告的成绩,直接决定研究生是否能够进入学位论文撰写的下一环节。

第二节 开题报告文本结构与主要内容

开题报告是研究生学位论文选题的论证和设计的文本呈现。不同的研究生培养单位,其关于开题报告文本框架都有基本的规定。例如,某校关于开题报告的文本内容规定如下:选题意义和研究价值;国内外研究现状和发展动态;主要研究思路、研究内容和在学术方面的创新点;拟采取的研究方法和技术路线;进度安排和预期成果;已有基础,包括与本项目有关的工作积累和已取得的成绩、已具备的条件、尚缺少的条件与解决途径;主要参考文献。尽管研究生培养单位关于开题报告的文本框架表述不同,但整体来看,其论证和设计的内容基本是相同的。一般而言,开题报告的文本框架主要包括以下六个方面。

一、研究背景与研究意义

科学的论文选题都不是凭空而来的,都应有一定的研究背景与研究意义。恰恰正是这些研究背景与研究意义的铺垫,才使得课题的研究有了明确的方向和目标。

研究背景,即选题的依据与缘起。研究背景应阐明是什么因素促成这次研究的,为什么要对此进行研究,研究的理论依据或现实需要是什么等。研究背景的表述应要点明确,不要将背景无限放大,必须紧扣选题本身,能够自然地引出选题,说明选题的逻辑根据或实践依据。研究背景篇幅不要太多,必要时可分层、分段,但要保证各层意思的连贯性。

研究意义,即研究的价值。研究价值通常包括理论价值和实践价值。实践价值指的是该选题是否关注当下,是否能为解决现实问题提供参考和依据;理论价值指的是选题是否有助于在理论上对前人的研究有所发展与推进,或者开拓新的研究领域,弥补空白等。研究意义的表述一般先从实践价值的角度去论述,指出研究对解决现实问题的意义所在,然后再论述课题研究的理论价值与学术价值。

二、问题提出与研究假设

论文开题,最核心的任务就是提出问题。问题是课题研究的中心,是研究切入的关键点,它决定着其他各个部分的发展。只有恰当地提出问题,才能成功地解决问题。因此,问题必须贯穿于研究的始终。

提出问题比解决问题更重要。开题报告中问题的提出不能突兀,应基于研究背景自然地呈现,应从研究缘起出发,从理论需要和现实需要等维度出发,像讲故事一样将拟研究的问题娓娓道来。只有清晰地将选题内容呈现,才能真实地展现问题研究的必要性及价值所在,才能自然地获得开题报告审阅者的理解和认同。问题提出后,还需要对问题进行精确的表述,既要对相关专业术语进行界定,也需要以明确、清晰的逻辑进行表达。只有清晰、严谨地表达出来的问题,才能进一步说明问题研究的深度和广度,进一步证明研究的必要性。

在问题提出后,我们就必须对这些问题进行回答。研究假设就是研究者对问题的尝试性回答,是研究者发现的可能成立的新观点。从某种意义上说,学位论文的撰写过程,也就是研究假设的证明过程。研究假设是问题的一个暂时答案。一个好的研究假设,所得的结果和答案必定能使人心服口服。因此,研究假设应具有三个特点:一是要有科学性,即提出的假设要合乎规律和逻辑,要建立在科学理论或事实基础之上;二是陈述的明确性,即假设的阐述必须清晰、简明、准确,切忌宽泛、冗长、模糊;三是具有可检验性,即能在研究与以后的实践中被证实。虽然不是所有的学位论文在开题报告中都应明确提出研究假设,但既然提出了问题,作为研究者就应该有关于问题的预设性回答。预设性回答,实际上为问题的进一步深入提供了方向。

三、文献综述与研究空间

一篇较好的研究生开题报告,都有一篇与课题相关的文献综述。在研究问题确定后,就需要进行文献综述。文献综述是指围绕某一主题,广泛收集一定时期内的大量资料,并在深入了解国内外新进展的基础上,将所选资料经过分析、综合、归纳和述评后写成的文章。

文献综述可以为研究选题提供思路与依据。因此做好文献综述,对学术研究有着至关重要的作用。但是,大部分研究生在撰写文献综述时,总会存在一个根本性的问题,即不明确撰写文献综述的目的。文献综述写作的目的,是通过比较和借鉴前人的研究成果,为论文研究提供理论和方法论的参考,以进一步厘清自己研究的问题,证明研究的意义和价值。好的文献综述,能够让评阅者在较短时间就能够了解到论文选题在当前研究中所处的位置,揭示研究的深入空间。

文献综述的写作一定要瞄准主流。一般而言,文献综述中展现的文献,应该是通过甄别、筛选后找出的与研究相关的经典、高质量的文献。不是所有相关的经典文献都应该阐述,事实上,很多时候文献综述中重点阐述的文献,可能并不是经典文献,但却与课题的相关度很高。文献综述不是相关文献的简单堆砌。对文献的组织陈述,必须紧扣研究所要解决的问题,有条理地呈现。最后,文献综述必须有"综"有"述"。文献综述的目的就在于弄清楚前人在某领域已经研究到何种程度,有何借鉴之处,从而找到我们自己研究的切入点、创新点和能进一步拓展的研究空间。值得注意的是,研究空间应和研究提出的问题紧密联系。研究问题的可研究性,也就是研究空间和研究的可行性。

四、概念界定与方法选择

通过文献综述,进一步揭示了研究空间,为研究问题的具体化和研究方法的选择提供了参考和借鉴。此时,开题报告应基于此,将研究中可能涉及的核心或关键概念进行界定,尤其要考虑赋予抽象的概念性定义以操作性内容,这样既避免理解的分歧,也尽可能使抽象的问题得以可操作化,使研究更加可行。同时,开题报告还需要对论文解决的问题的理论、方法、技术、工艺等进行说明。在对理论、方法、技术、工艺等进行说明时,开题报告的重点不是对它们逐一进行介绍,而是要说明如何应用它们以解决论文提出的问题。

五、论文思路与进度安排

学位论文形式虽然多样,但文本式的学位论文却是其不可或缺的表现形式。论文以文本形式呈现,就应该有基本的逻辑框架和表达思路。开题报告通常应将文本的写作框架呈现出来,在展现写作框架时,最好能够具体化到三级标题,这样更容易让开题报告会的专家委员理解论文的研究思路,提出针对性的意见。

开题报告通常还需要给出基本的进度安排,以确保研究生能够参照预期计划顺利完成任务。进度安排即从时间维度上将研究过程划分为几个阶段,并分别说明各阶段的主要研究任务和要实现的目标。

六、研究基础与参考文献

为了进一步说明研究的可行性,开题报告通常还对研究基础进行说明。研究基础包括课题前期取得的成果情况和课题研究所需要的文献资料、设施设备、时间、经费等相关情况。

参考文献是研究生在撰写开题报告过程中参考或借鉴的文献。开题报告通常除了在正文中要标注文献的来源和出处,还需要在文后列出参考文献。参考文献的格式应符合基本规范,通常按著者字序(姓氏笔画或姓氏首字母的顺序)排列,标明序号、作者姓名、著作或文章名称、出版单位、出版时间、页码等。对于来源渠道不一样的文献,还要标明文献类型标识。

第三节　开题报告常见问题与注意事项

一篇高质量的开题报告可以说是学位论文成功的一半,然而有很多研究生的开题报告往往出现各种问题,需要大改,甚至重新开题。为了避免做无用功,研究生应对开题报告常见问题与注意事项给予高度关注。

一、开题报告文本常见问题

关于开题报告,研究生基本会根据开题报告的内容板块对应撰写,从书面来看,要素齐全,形式齐整,但在写作中往往隐藏着一些误区,严重影响开题报告的质量,这不得不引起我们的重视。

(一)把研究理由当作研究问题

有些研究生对开题报告中问题提出或问题缘起,只阐述该问题研究的必要性,即研究理由,而忽视研究问题本身。为了避免把研究理由当作研究问题,首先得明白什么是研究问题。研究问题指在理论或实践中,研究者所探究的之前存在但尚未发现或有待解决的疑问。研究问题可以是以下四个方面。

一是尚未被发现的新问题。

二是从新视角或新方法出发,已有的研究呈现的新现象。

三是已有的研究随时代背景各因素的变化呈现的新变化。

四是研究者对研究对象作出的研究假设。

所以,开题报告首先需要呈现的是你要解决什么问题,然后再阐述问题研究的必要性。

(二)把主题编织当作文献综述

很多研究生在刚开始撰写开题报告时,不知道文献综述的作用,将文献综述写成了主题编织,即围绕某一研究主题罗列相关的文献,仅仅将文献的作者、题目、核心观点一一列出,这就违背了文献综述撰写的初衷。文献综述应该以问题为导向,不仅罗列相关文献的作者、题目、核心观点,而且还要全面陈述还有哪些问题尚待解决或者是对已解决问题所采用的不同研究方法或材料。也就是说,文献综述的目的是通过相关研究成果的陈述来凸显自己研究的价值,要展现研究生自我思考的亮点。因此,在介绍完相关文献的作者、题目、核心观点之后,一定要加上自己关于该问题的思考,如是否赞成这些观点,有哪些新见解,还存在哪些问题等。

(三)把方法列举当成方法运用

研究问题、研究方法和对研究问题的基本观点是开题报告的基本要素。开题报告至少要告诉读者研究什么、如何研究和预期结论是什么等内容。如果说问题提出和文献综述旨在阐明研究问题的话,那么研究方法则是阐释如何解决和研究问题的,而这并不是列举各种研究方法,而是展示研究方法的运用。为了避免单纯的方法列举,应重点阐述方法是如何用于拟解决的问题的。在阐述研究方法时,正确的做法是首先对研究内容所涉及的问题加以归类,然后根据各类问题设计适合的研究方法。如果无法做到如此精细,至少要说明对所提出的问题,准备用什么方法解决,以及是怎么解决的,而不只是简单地列举研究方法。

二、开题报告答辩注意事项

细节决定成败。开题报告会主要以汇报答辩的形式进行,因此做好开题报告答辩至关重要。下面分别就开题报告答辩相关注意事项进行陈述。

(一)求教导师,完善报告

论文选题应尽早与导师交流,导师会根据自己的学术经验让你少走弯路,确定选题是否具有可塑性,有没有研究价值等。在撰写开题报告过程中出现问题时,也应及时求教导师,并将问题具体化,争取得到导师的深度指导。开题报告初稿完成后,也一定要再次反馈给导师,让报告得到进一步的完善。

(二)内容清晰,形式简约

在答辩时,阐述的内容应该条理清晰,重点突出,尽量用直观、简明的方式来呈现内容。PPT形式简约,图文并茂,图优于表,表优于文字。比如,有数据时就用条形图、折线图或表格等来代替。PPT要给人耳目一新、简洁大气的感觉,不能太过烦琐,杂乱无章。

(三)仪态大方,自信答辩

在台上时,不管是进行PPT汇报,还是回答评委提出的问题,一定要声音洪亮,语速中等,精神饱满,仪态大方,表情自然。昂首挺胸,微笑作答是给评委老师留下好印象的第一步。切忌有身体飘忽不定、叉腰、搓手等紧张不安的表现。

(四)控制时间,把握重点

在答辩的时间范围内,把问题讲清楚,特别是要做到重点突出、详略得当。可以提前试练一遍,把握好相应的时间。重点要说清楚研究什么,为什么要研究,如何研究,你的研究与别人的研究有何不同等问题。

(五)详细记录,谦虚作答

上台答辩时,记得带上纸笔。在评委老师提出问题时,要详细记录,并抓住重点,简明扼要地谦虚作答。如果是不会或不清楚的问题,或者陈述中出现的漏洞、错误等,一定要如实说明。对于老师给出的建议,一定要虚心接受并表示感谢。对于一些细节问题,切勿在答辩时纠缠不清,可在答辩结束后再请教老师。

(六)整理记录,提交材料

答辩结束后,一定要认真整理老师的提问、意见和建议,并结合老师给出的建议和意见,对自己的开题报告进行修改、完善。如果再遇到不明确的地方,可再次找机会向老师请教,并最终向导师汇报,根据导师的意见进行修改,整理、完善后再上交。

第六章 学位论文研究方法

第一节 案例研究法

案例研究法是近三十年来兴起并得到逐步发展和完善的科学研究方法。研究者通过对一个或多个案例的数据收集、分析和研究,对某些现象和事务进行描述和探索,建立新的理论或对现有理论进行检验、发展或修改。它被广泛应用到各个学科,包括法学、医学、人类学、社会学、心理学、历史学和管理学等,并在各个学科研究中存在不同的界定和作用,是学术界存在较多争议但又被广泛应用的研究方法。

一、案例研究概述

所谓"一沙一世界",一个或一组案例往往蕴含着新的学术理论,这便是案例研究的学术亮点所在,即从实践中得到真理。在这一节中,将会介绍案例研究的概念、基本类型、作用与适用范围、有效性评价标准。

(一)什么是案例研究

1. 案例研究的概念

目前学术界关于案例研究的文章有很多,但真正能够为案例研究给出权威定义的文章并不多,各个领域的学者各持己见。阿德尔曼(Adelman)等人将案例研究定义为:"案例研究是对一组研究方法的笼统术语,这些方法着力于对一个事件进行研究。"理查德·尼斯贝特(Richard Nisbett)等人认为:"案例研究是一种对一个特殊事件进行系统研究的研究方法。"贝纳德(Bernad)认为:"案例研究是用来阐明和支持命题和规则的方法,而不是归纳出新的假说,因此诸如寓言、讽寓、远见、揭露的事物、神话、故事、悲剧、小说等都从古代就开始运用社会案例。"

1984年,罗伯特·K.殷(Robert K.Yin)为案例研究给出了一个经典定义,即案例研究是一种经验主义的探究,它研究现实生活背景中的暂时现象。在这样一种研究情境中,现象本身与其背景之间的界限不明显,研究者只能大量运用事例证据来展开研究。简单地说就是,案例研究是对人们生活中经历过的一些事件,对现实生活中发生的一个或多个案例展开调查,收集数据,运用数据对案例进行分析、概括和总结的研究过程。

可见,案例研究是一种解释社会现象的研究方法,是一种运用历史数据、档案材料、访谈、观察等方法收集数据,并运用可靠技术对一个或多个案例进行分析,从而得出具有普遍性结论的研究方法。

2. 案例研究的历史发展

从历史上看,早在数百年前,案例研究法就在法学和医学领域得到了广泛的应用。医师们利用案例研究法来诊断病症;律师们将判例法视为法律研究的基本方法——英美法系国家的律师们将判例视为法律的渊源,大陆法系国家的律师们则从大量的判例中寻找有力的支持性论据。20世纪以来,案例研究法逐步在经济学(主要是新制度经济学)和管理学领域(包括私人企业组织管理和公共机构行政管理领域)得到了快速推广。

案例研究法由美国哈佛大学法学院始创。1870年,朗戴尔(Christopher Langdell)出任哈佛大学法学院院长时,法律教育正面临巨大的压力:其一是传统的教学法受到全面挑战;其二是法律文献急剧增长,这种增长在承认判例为法律的渊源之一的美国表现得尤为明显。朗戴尔认为:"法律条文的意义在几个世纪以来的案例中得以扩展。这种发展大体上可以通过一系列的案例来追寻。"由此揭开了案例研究法的序幕。

案例研究法在法律领域中的成功激励了商业、教育领域。哈佛大学阿伯特·劳伦斯·洛厄尔(Abbott Lawrence Lowell)教授在哈佛大学创建商学院时建议,向最成功的职业学院法学院学习案例研究法。1908年,案例研究法从哈佛大学商学院开始被引入商业、教育领域。由于商业领域严重缺乏可用的案例,哈佛大学商学院最初仅借鉴了法律教育中的案例法,并在商业法课程中使用案例法。随后的50年时间里,哈佛大学商学院充当了在企业管理领域普及和应用案例教学法的旗手的角色。20世纪六七十年代,美国企业在社会经济环境中面临的不确定性因素不断增加,这种形势为经验主义学派和权变理论学派的兴起创造了有利条件。由此,人们开始有针对性地研究和收集商业案例。

(二)案例研究的类型

1. 根据研究任务的不同分类

根据研究任务对案例研究进行分类,目前存在三分法、四分法和五分法三种分类。

学者 Winston Tellis 将案例研究分为探索性、解释性和描述性三类。探索性案例研究在案例分析之前并没有明确的理论假设,但是必须事先建立严格的分析框架;解释性案例研究一般在案例分析之前就已经建立了若干竞争性的理论假设,比较适合进行因果分析;描述性案例分析主要为某一理论的成立提供实证支持,通常用于教学而非研究。

另外,也有学者将案例研究分为以下四种类型。

(1)探索型案例。探索型案例研究侧重于提出假设,其主要任务是寻找新理论。

(2)描述型案例。描述型案例研究侧重于描述事例,其主要任务是讲故事或画图画。

(3)解释型案例。解释型案例研究侧重于理论检验。

(4)评价型案例。评价型案例研究侧重于就特定事例作出判断。

除此之外,还有学者将案例研究分为以下五种类型。

(1)探索型案例。探索型案例研究运用新的视角、假设、观点和方法来解析社会经济现象。这类研究往往会超越已有的理论体系,以新理论的形成主要任务,其缺点是缺乏系统的理论体系的支撑,相关研究成果有待完善。

（2）描述型案例。描述型案例研究先从理论的描述开始,这种理论的描述能够从深度和广度上覆盖被研究的案例,从而生成一组对因果关系的假设和命题。描述型案例研究法侧重于对案例进行客观、全面的描述,在已有的理论框架下,当研究者希望对企业实践活动作出详尽的描述时,可以采用这一方法。

（3）例证型案例。当研究者希望阐述企业组织的创造性实践活动或企业实践的新趋势时,可以采用例证型案例研究方法。

（4）实验型案例。实验型案例研究是指根据研究目的,运用一定手段,在特定的环境中进行的探索活动。当研究者希望检验一个企业中新实践、新流程、新技术的执行情况并评价其收益时,可以采用实验型案例研究方法。

（5）解释型案例。解释型案例研究是运用已有的理论假设来理解和解释现实中的组织实践活动。解释型案例研究法适用于运用已有的理论假设来理解和解释现实中企业实践活动的研究任务。

2. 根据案例的数量分类

案例研究一般是通过选择一个或几个案例来说明问题。根据实际研究中运用案例数量的不同,案例研究可以分为以下两种。

（1）单一案例研究。单一案例研究主要用于证实或证伪已有理论假设的某一个方面的问题,它也可以用来分析一个极端的、独特的和罕见的管理情境。偏好单一案例研究方法的学者认为,单一案例研究能够深入地揭示案例所对应的经济现象的背景,保证案例研究的可信度。但是,单一案例研究通常不适用于系统地构建新的理论框架。

（2）多重案例研究。在多重案例研究中,研究者首先要将每一个案例及其主题作为独立的整体进行深入的分析,即案例内分析;依托于同一研究主旨,在彼此独立的案例分析的基础上,研究者将对所有案例进行归纳、总结,并得出抽象的、精辟的研究结论,即跨案例分析。以凯瑟琳·M.艾森哈特（Kathleen M.Eisenhardt）

为代表的学者偏好于多重案例研究方法,其观点是,多重案例研究能够更好、更全面地反映案例背景的不同方面,尤其是在多个案例同时指向同一结论时,案例研究的有效性将显著提高。

(三)案例研究的优缺点及适用范围

1. 案例研究的优点

科学研究方法总体上可以划分为定性研究方法和定量研究方法。案例研究方法属于定性研究方法,是一种解释性研究。当研究的问题是"如何""为什么"时,研究者不能控制事件的发生或者进程,而研究的问题是现实生活背景下的当代现象时,案例研究这一定性研究方法就有明显的优势,具体表现在以下四个方面。

(1)案例研究用其生动的描述性语境给读者以身临其境的现实感,减少了研究的学术性,不局限于学术研究圈,能够更好地被更多的读者所接受。

(2)案例研究所得出的具有普遍性的理论,可以为其他类似案例提供易于理解的解释,使读者可以更好地接受其中的理论,并可以更好地推广理论。

(3)深入系统的单一案例研究可以发现被传统的研究方法所忽视的特殊现象。

(4)案例研究操作较为方便,可以是个体研究者个人进行,并不一定需要成立研究小组,具有一定的灵活性。

2. 案例研究的局限性

案例研究方法是用一个特定事例或一组事例来验证一定理论的关键概念,但由于现实世界的复杂性,用个别案例说明理论必然存在一定的局限性,主要体现在以下两个方面。

(1)研究结果的推广性差。推广性,即同一研究结果或理论是否可以被推广到不同时空范围和不同对象的可能性。不同于其他方法由于使用统计抽样而具有统计上的推广性,案例研究法由于其样本规模小,缺乏科学归纳的基础,并且案例研究过于依赖特定的情景,所得到的研究结果较难推广到其他事件中。

（2）研究方法的有效性不强。案例研究的有效性是指研究结果在多大程度上反映了预先假定的事件或变量的关系。案例研究在有效性上存在一定的瑕疵，具体体现在以下三个方面。

①在内部有效性方面。内部有效性是指研究变量之间因果关系上的可信性，案例研究不如可控制的实验室试验效果好。

②在因子有效性方面。因子有效性指工作定义和实证现象是否反映了理论概念，由于案例研究情境的复杂性，比较难以区分因素之间的联系，因而因子有效性不高。

③在可靠性方面。可靠性是指数据收集方法的透明度，如果两个以上的研究针对同样的主题，使用同样的方法，得到同样的或相似的结论，那么可靠性就高。由于案例研究中数据的收集和具体方法的应用并不明确，因此，较难得到一致或者相似的结论，可靠性有所欠缺。

针对以上局限性，部分学者提出了相应的解决方法。例如，罗伯特·K.殷建议使用多种来源的证据，建立证据链，并让主要资料提供者看案例研究报告的初稿，从而提高因子有效性；采用多种数据收集方法来保证内部有效性等。实际上，每一种研究方法都有它的局限性，这就需要研究者在使用的过程中取长补短，以达到最佳研究效果。

3. 案例研究适用的学科和条件

从本质上探究案例研究法，我们可以发现，从哲学范畴上说，人们通过对相对小的样本进行深度调查、归纳、总结现象背后的意义和基本规律，案例研究方法属于解释主义的范畴；从论证方法角度看，案例研究属于实地研究方法，是一种实证研究。因此，针对这一本质特点，案例研究法可以被广泛应用到诸如医学、法学、政策、政治学、公共行政、社区心理学、社会学、组织与管理学、城市与区域规划等多个学科领域中。案例研究法在MBA（工商管理硕士）和EMBA（高级管理人员工商管理硕士）学位论文中使用的频率较高。

在这些领域中,案例研究法的采用也需要一定的条件,下面列出较为重要的三个条件。

(1)所研究的问题属于一种理论空白,或者处于学科发展的幼稚期。已有的数据和文献不能解释和回答所要研究的问题,需要从实践中总结、归纳理论框架和概念模型,这时往往采取理论构建过程而不是理论验证过程,即最佳的选择是采用定性的研究方法。由于案例研究就是通过深入的案例调研和系统的资料分析,因而为研究者提供更充分的贴近现实的资料,使其能够对现实产生足够的敏感和全方位的理解,有利于研究者打破现有的概念框架,建立一个有效的理论模型。

(2)这类问题具有动态性和时效性。动态性是指研究者能够深入研究情境,从而能够多角度、深入地接触问题;时效性是指研究者选取的案例一般是发生在近期的。系统地从整体上把握问题的本质和全貌,这往往是定量研究方法所无法达到的效果。例如,问卷调查法通常预先将问题简单化和标准化,再通过大量样本的数理统计分析得出结论。因此在面对动态性的问题时,问卷调查法容易限制观察的视角,削弱研究者的信息敏感度。相对于问卷调查范围宽泛,深度和丰富性不够的缺陷,案例研究通过实地研究,通过研究者融入研究情境中深入了解和接触问题,在获取数据的过程中,学习和认知现实问题,使得研究者能够发现与实际相关的知识,构建有普遍解释能力的理论框架。如果案例不具有时效性,一来研究者不能深入情境中收集相关数据,二来研究者得出的研究结果也没有太大的现实意义。

(3)研究的结果重在产生理论框架。一般的研究目的主要有建立理论框架模式或数学模型,而数学模型侧重于定量研究,适用于有限、复杂的问题,它将复杂的问题简化为几个关键的变量。而理论框架模式适合变量复杂、关系复杂的研究,它易于找出变量之间的联系,变量之间作用的方向,变量变换的模式和影响结果及其输出的方式。因此,在以研究目的为基础形成理论框架的研究中,案例研究是一个比较有效的研究方法。

(四)案例研究的基本步骤

一个完整的案例研究过程一般分为五个步骤:确定案例研究的问题,选择案例的范围和数量,收集数据,分析数据和撰写报告。

1. 确定案例研究的问题

在确定案例研究的问题时,研究者需要对以下五个层次的问题加以关注。

(1)对具体被访者提出的问题。

(2)对个案提出的问题。

(3)根据跨案例的发现结果提出的问题。

(4)对整个研究提出的问题。

(5)对于研究范围之外的政策建议和结论。

2. 选择案例的范围和数量

潜在的案例来源于研究期刊、科研书籍、非公开发表的论文、学术论文、政府研究报告等。研究者应尽可能多地从各种理论观点寻找案例,纵览各种理论类型的文献可以增加案例的多样性,但这又会增加工作量。大量来源相同的案例只能增加研究广度而无助于提高研究深度,案例选择不能只从数量上决定。如果研究问题只针对少数特别变量进行比较,就应该增加案例的数量以供比较。但是,如果研究问题是分析复杂结构中的内部依赖变量时,应该对一个案例进行深入设计,而不是增加案例数量。

研究者在选择案例时,要注意以下三点。

(1)选择具有所有或多数变量的案例,以使案例涉及的理论范围最大化。

(2)选择突出的、极端的案例以便于比较。

(3)选择便于开放解释的案例。例如,选择详细描述发生了什么而没有给出结论的案例,这样可以提供更多对于复杂关系及其发生原因的认识。

3. 收集数据

在案例研究中,数据收集的方法大部分是定性的,只有小部分是定量的收集方法。数据具体的收集方法包括文献资料、访谈法、观察法等。在选择数据收集的方法时,研究者需要综合比较各种数据收集方法的优缺点,并针对研究实际选择合适的方法。

4. 分析数据

数据分析与数据收集是同步进行的。确定研究目的之后,每一份数据收集和分析都会产生一定的发现和一些临时的假设,这些发现和假设进一步对下一阶段的数据收集产生指导作用。整个研究在这样的循环过程中进行,不断地提供新的数据和发现,使得研究的问题得以不断地提炼,研究得以不断地完善。

5. 撰写报告

从整体上讲,一份优秀的研究报告需要具有较强的可读性,能够让读者充分地理解报告的内容,并就其中的内容提出问题并进行探究。研究报告必须用读者能在现实中接触到及感受到的数据对现实中的复杂问题进行描述和解释,让读者获得身临其境的感受,同时,报告所得出的结论应该是读者能应用在现实的情景中的。另外,报告必须提供足够的证据来增加结论的可信度。

研究报告的撰写有描述性文字与解释性文字两类,处理好这两者之间的平衡是撰写研究报告的关键。澳大利亚新南威尔士大学商学院的潘善琳教授提倡案例研究报告中应有以下构成部分。

(1) 介绍:现象的背景信息、研究目的、研究问题。

(2) 文献回顾:回顾有关研究问题或现象,与理论视角相关的文献。

(3) 研究方法:为什么使用案例研究方法,案例的选择,数据的收集,数据的分析。

(4) 案例描述:案例公司的背景,主要事件、决策和活动。

(5) 讨论:如何从数据推导到模型,模型与现存理论的联系和异同。

(6) 结论:研究的局限性、理论意义和实践意义。

（五）案例研究有效性的评价标准

评价案例研究的有效性，一般包括以下四个标准。

一是构想效度。该标准评定案例研究是否依据研究概念或目的建立了正确且可操作的测量标准。

二是内部有效性。该标准测试研究者的推导是否符合逻辑和正确的因果关系，以检测所产生的结论的正确性。

三是外部有效性。该标准是对研究结果是否可以在其他案例中推广的测量。

四是可靠性。该标准要求数据收集过程能够被重复，具有客观性，即不同的研究者通过相同的案例研究得出的结论是一样的。

以上这些案例研究的有效性评价标准及其实现形式可以用表6-1表示。

表6-1 案例研究有效性的评价标准及其实现形式

标准	定义	案例研究中实现的策略	研究阶段
构想效度	获取和整理的数据是否充分地反映了被访问者的意思和知识	通过不同数据源、证据链进行三角测量；用已有文献加强证明；让关键的被访问者评价案例报告和结论	数据收集与整理
内部有效性	不同的研究者对于不同的偶然事件是否得出类似的观察	分析与预计模式的差异性及横向案例模式的比较；组建团队，共同分析数据	数据分析
外部有效性/概念、理论的可推广性	在一个地方产生的理论和概念是否在另一个地方适用	选取理论样本，而不是统计样本。一是从不同的行业中选择样本企业，摒弃行业影响因素；二是在每一行业中，尽量选择有相似背景的公司	研究设计
可靠性	表明案例研究的每一步都具有可重复性，并且如果重复这一研究，能够得到相同的结果	利用案例研究草案，建立案例研究数据库	资料收集

二、案例研究方案的设计

案例研究方案是案例研究的大纲，对整个案例研究工作的开展起着指导性的作用。

一份案例研究报告的质量往往取决于案例研究方案的质量。一个常常出现的错误认识认为,案例研究方案仅是其他研究方案的一个子集或变式。实际上,案例研究是一种独立的研究方法,有其特定的研究设计。案例研究方案主要包括哪些内容?如何设计一份高质量的案例研究方案?案例研究方案的设计需要注意哪些细节?对此,本节将逐一介绍。

(一)案例研究设计的界定

每一类研究都有其隐含的研究设计。对案例研究设计,通常有以下两种界定。

1. 从"这里"到"那里"的逻辑步骤

就其最本质的意义来说,案例研究设计是用数据把需要研究的问题和最终结论连接起来的逻辑顺序。简单地说,案例研究设计就是从"这里"到"那里"的逻辑步骤。"这里"指需要回答的问题,"那里"指得出的结论。在"这里"与"那里"之间包括收集和分析相关数据等步骤。这种界定方法认为,研究设计是一种进行论证的逻辑模式,它能使研究者对研究中各种变量之间的关系进行推论,并且能够指导研究者按步骤收集、分析并解释资料。

2. 研究的"蓝图"

另外一种界定方法是把案例研究设计看作是案例研究的"蓝图",它至少应该解决如下四个问题。

(1)要研究什么问题?

(2)哪些数据与研究的问题相关?

(3)需要收集哪些数据?

(4)如何分析结果?

一个需要注意的问题是,案例研究方案的设计不同于工作计划。设计案例研究方案的主要目的是避免出现数据与要研究的问题无关的情况,因此它处理的是逻辑问题,而不是后勤保障问题。

（二）案例研究设计的要素

案例研究设计的五大要素是：问题类型，理论主张，分析单位，理论主张与数据的关系，数据的诠释标准。整个案例研究的过程围绕上述五大要素展开。下面分别对它们加以介绍。

1. 问题类型

问题类型，即研究的问题是什么，主要表现为"谁""什么""怎样""为什么"这类问题。确定研究问题是研究的第一项任务，因为研究者在考虑采用哪种案例研究方法时，研究的问题能够提供思考的线索。进行案例研究的问题应该满足以下三个条件。

（1）问题要与当前在真实环境中发生的事件和行为有关。

（2）我们对此类问题几乎没有控制能力。

（3）必须是有关"怎样"和"为什么"的问题。

2. 理论主张

理论主张是经由聚焦从研究问题中推演出的对研究命题的描述。理论主张可以引导研究者关注要研究的问题，不会偏离研究主题。只有明确提出具体的理论主张后，研究才会有正确的方向。但随着研究的进行，原来的主张也许会被修改，以便更好地指导研究的开展。在少数情况下，有一些研究没有任何理论主张，但即使如此也应该有一个明确的研究目的，并在此基础上对研究的数据进行决策。

3. 分析单位

分析单位，即研究的对象。分析单位可以是个人，也可以是一个事件或一个实体。当研究者要对研究的原始问题进行更精确的分析时，就面临选择合适的分析单位的问题。分析单位的界定要与研究者对所要研究的问题类型的界定联系在一起。对分析单位的不同界定，会导致采用不同的研究方法或者不同的资料收集方法。

4. 理论主张与数据的关系

理论主张和数据之间的联系往往是在研究过程中形成的，但却是研究者在设计方案时就要考虑的问题,以便划定和调整。连接数据与研究者的理论主张,是为数据分析打下坚实基础的重要一步。连接数据与理论主张可以有多种形式。

5. 数据的诠释标准

数据的诠释标准与理论主张和数据的关系是案例研究中数据分析的前期步骤,告诉研究者收集完数据之后该怎么做。

(三)案例研究设计的建议

前面已经介绍了如何设计案例研究方案,下面为研究者提供两点建议。

1. 多案例研究优于单案例研究

虽然单案例研究与多案例研究都能取得圆满的结果,但是,如果条件允许,研究者应选择多案例研究设计,而非单案例研究设计。就算研究者只能完成一个只包含两个案例的双个案研究设计,成功的机会也比单案例研究设计大得多。这是因为,单案例研究设计就好比把所有鸡蛋放在一个篮子里,很容易出现一步走错,全盘皆输的问题。从两个或更多的案例中总结出来的结论会比从一个案例中总结出来的结论更扎实,更具说服力。

2. 开放性设计原则

案例研究设计不是僵化的,也不是不变的。在研究过程中出现的新资料和新发现具有很重要的启发作用,研究者应该据此更改、修正最初的研究设计。例如,当研究者在实施一个单案例研究时,随着资料的收集,发现原来被认为极具独特性的案例,其实并不具备独特性。此时,研究者应该思考原来的研究设计是否需要修改。但是,在修改之前要明确做哪种性质的修改,是重新选择一个案例,还是改变最初的理论假设及案例研究的目的。研究设计应该具有灵活性,但并不能因此而降低案例研究设计所应遵循的周密性和严肃性。

三、收集数据

如果把一份案例研究报告比喻成一座房子,那么数据则是构成这座房子的砖瓦。可见,数据对于案例研究非常重要。本节将介绍收集数据的原则及数据的来源。

（一）收集数据的原则

由于案例研究的有效性不强，并且收集的数据具有一定的不明确性，因此在收集数据的过程中需要遵循以下三个原则。

1. 使用多种来源的数据

研究者可以对不同来源的数据，不同调查者所收集到的数据，按不同角度和方法所收集到的数据进行三角互证，以确保所得数据的准确性和结论的可推广性。

2. 建立案例研究的数据库

对所收集的数据进行整理并记录成文字，数据库可以包括研究者的笔记、文件，基于调查形成的表格材料、档案数据，以及研究者对所收集到的证据和对研究中出现的问题的关系所作的叙述。

3. 建立证据链

证据链是研究者在研究报告中引用数据库中的有关部分，并在引用时能够清晰地显示数据是在什么情况下收集的，这使得一个外来者能够从最初的研究问题跟随着相关资料的引导一直追踪到最后的结论，反之亦然。

（二）数据及资料的来源

案例研究的数据来源有多种，其中最常用的数据来源包括文献资料、访谈、观察、档案记录和实物资料。每种数据来源各有优缺点，不同种类的数据来源相互补充、相互印证，研究者不应孤立地使用某一种，采纳不同数据来源的资料有利于提高案例研究结论的有效性、正当性和可靠性。

1. 文献资料

对案例研究，文献信息的重要作用主要在于它能够检验通过其他来源获取的资料。几乎每个案例研究都会使用文献信息。文献资料又可以表现为多种形式。

（1）信件、备忘录和各种公报。

（2）日程、公告、会议记录、其他事件报告。

（3）管理文件：方案、进展报告和其他内部记录。

（4）对事件或场所的正式研究或评估。

（5）新闻报道或大众媒体中的其他文章。

随着时代的不断发展，以微信、微博、博客等新媒体形式为载体，网络空间上产生了大量的社区互动的文本，这些海量的信息以其数量庞大的客观存在逐渐进入学术研究领域，不少研究者开始将其纳入文献资料的来源范畴。使用这些来自网络的文献资料时，应当秉持谨慎的态度，因为网络空间泥沙俱下，一定要注明出处并注意甄别和筛选，还要尽量地使用一手材料。

2. 访谈

访谈是指研究者亲自和与案例有关的人员进行面对面的沟通交流，以获取第一手实时的定性数据的一种方法。通过访谈，研究者可以获取真实、鲜活的第一手数据。虽然在当今信息时代，研究者可以通过各种途径找到有关数据，但是这些数据往往真伪难辨，而深入案例中，与有关人员直接面对面、充分地交流，可以获得更为贴近现实的丰富信息。除此之外，在互动的访谈中，研究者可以和被访人员就一个问题展开讨论。沟通是双向的、互动的，这样容易将某个问题辨识清楚，具有辨明问题的及时性和很强的灵活性，提高了数据的真实性和有效性。同时，访谈往往具有启发性。被访人员在实践中往往会遇到许多研究者没有预想到的问题和情况，在双方的交流中，这些问题和情况对研究者具有一定的启发作用，有利于发现实践中新的思想理论。

访谈法依其对变项的控制程度，可分为结构性访谈和非结构性访谈。

结构性访谈又称"标准化访谈"。运用这种方法首先要把问题标准化，制成问卷，然后由被访者回答。在这种访谈中，研究者要事先准备好访谈大纲及需要解决和探讨的问题。访谈者应该避免提出引导性问题，而应让受访者对每一个问题作出自己的评述。

非结构性访谈也被称为开放式访谈。这种访谈是一种既具有访谈焦点又具有一定灵活性的访谈方式。访谈者事先应该准备好一系列的访谈问题,并在访谈过程中保持开放的态度,同时根据受访者的回应提出后续问题和需要探究的问题。受访者扮演通报信息的角色,向访谈者提供其对某个事件的见解。一般来说,研究者可以采用其他来源的证据来证实该信息通报者所提供的论点和见解,并对其提供的证据保持敏感性。在某些案例研究中,参与者构建现实解释将为案例研究提供重要的见解,尤其是那些被研究的组织、社区或小团体的关键人物或公司领导,这些人的见解将更有价值。

3. 观察

观察法指的是人们通过感官,有目的、有计划地考察某现象,从对事物发展变化过程的观察中获取所需信息,将其归纳整理并运用于案例研究中。这种获取资料的方法不仅简便易行而且可靠。按观察的方式,观察法可以分为两种,即直接观察和参与式观察。

(1) 直接观察。直接观察是指研究者不加入其所观察的群体或社区中,而是采用实地做笔记、照相、录像等记录方式记录所调查的案例。在这种方法中,研究者应该尽可能地避免突显自己的存在,以免干扰观察事件中人们正常的行为和活动。直接观察有两个常见的方法:一是聚焦人的行动、物理环境或现实情境的直接观察;二是源自正式的观察工具,然后做笔记,分级,编报观察证据。

(2) 参与式观察。参与式观察是指研究者成为调查事件中的一个参与者,这时研究者不单纯是一个被动的观察者,而在案例研究的情景中担当具体的角色,以局内人而不是局外人的视角进行观察。其好处在于研究者能够获得通过其他方式所不能获得的数据。对于某些研究而言,参与式观察是收集资料的唯一手段,但问题在于研究者可能带有潜在的偏见。因此,在参与式观察中,研究者应该尽量保持以客观的视角去观察问题。

4. 档案记录

档案记录是对数据质和量的记录——通常会以计算机文档与记录的形式出

现,包括以下记录。

(1)服务记录,如关于某一时间段内客户数目的记录。

(2)组织记录,如某段时间内组织的图表与财政预算。

(3)地图和图表,关于某地的地理特征与布局。

(4)名单、名称与其他相关项目的清单。

(5)相关商品信息、问卷资料。

(6)个人资料,如日记、日程表、电话簿。

与文献资料不同的是,在不同的案例研究中,档案记录的重要性各不相同。如果档案记录对研究很重要,研究者就必须细致地核实档案记录的准确性。

5. 实物资料

除了上述的文档资料或书面资料,实物资料也是一种重要的证据,实物资料包括物理或文化的人工制品。实物资料可以作为实地访问的一部分进行收集与观察。例如,研究个人计算机在办公室中的使用情况,需要确定办公室计算机的实际使用状况。虽然可以直接观察员工使用计算机的情况,但计算机打印材料等实物资料也可以加以利用。员工展示打印材料作为最重要的工作成果,并且保留着打印材料的记录。每份打印材料不仅展示了该项工作所属的类型,还说明了完成该工作的日期和花费的上机时间。通过查阅这些打印材料,研究者能够更准确地了解在一段时间内办公室计算机的使用情况。

四、数据分析

数据分析在案例研究的理论发现和理论创新中发挥着极为重要的作用。不同的学者在对数据进行分析时,虽然所用的方法不尽相同,但是基本的流程是一致的。在此就数据分析流程和常见的分析方法作简单的介绍,研究者可以依据自己的实际情况选择不同的方法。

(一)数据分析的主要策略

在了解数据分析的具体方法之前,研究者要先了解数据分析的三种主要策略。

数据分析的策略有助于研究者更有效、更恰当地运用数据分析的方法。数据分析的主要策略有三种：遵循案例研究的理论假设，确立和检验竞争性解释，进行案例描述。

1. 遵循案例研究的理论假设

案例研究的初衷和方案设计都是以理论假设为基础的，而该理论假设又会帮助研究者提出一系列问题，指导研究者检索相关文献，以及产生新的假设与理论。理论假设有助于研究者组织整个案例的研究进程，帮助研究者提出其他可能的解释并对之进行检验。有因果关系的理论假设，即对"怎么样"和"为什么"一类问题的回答，对指导案例研究的分析过程尤为重要。

2. 确立和检验竞争性解释

第二种总体分析策略是考虑与上述假设相反的竞争性解释。这种策略可以与第一种策略联系起来，因为上述的理论假设可能包括了竞争性假设。

竞争性解释主要分为两大类：技术方面的竞争性解释和实际生活中的竞争性解释（见表6-2）。如果分析数据时能够考虑并且一一验证，排除以下竞争性解释，那么所得的结论就会更有说服力和解释力。

表6-2　对不同类型的竞争性解释的简要描述

竞争性解释的类型	描述
技术方面的竞争性解释 （1）零假设 （2）效度干扰 （3）研究者的偏见	仅在偶然的外界条件下观察到的特定结果，如历史纪录、成熟程度、不稳定性、测试、工具、衰退、选择、实验失败、择优互动；如实验者影响，实地调查中的互动效应
实际生活中的竞争性解释 （1）直接的竞争性解释 （2）混合式的竞争性解释 （3）实施中的竞争性解释 （4）竞争性理论 （5）超级竞争性解释 （6）社会的竞争性解释	用目标因素之外的其他因素来解释结果；用目标干预和其他干预一同来解释结果；用实施中的过程性因素而不是实质性因素来解释结果；不采用最初的理论假设，而用其他理论解释结果用更大、上一层极的因素来解释结果；用社会趋势而不是其他因素去解释结果

3. 进行案例描述

第三个总体分析策略是为案例研究开发一个描述性框架。这一策略不像利用理论假设和竞争性解释两种策略那样常用，但如果运用前两种策略有困难时，不妨采用这一策略。

在有些案例研究中，最初的目的就是描述性的。描述性框架能够有效地组织、衔接对案例研究的分析。在一些最初目的并不是描述性的案例研究中，描述策略也可以帮助研究者确定需要分析的因果联系。

（二）数据分析的具体方法

数据分析可以与数据收集同步进行，初步的数据收集和数据分析产生的初步发现和临时假设，将指导下一阶段的数据收集。在数据收集和数据分析不断循环的过程中，研究的问题也许会得到重新的提炼，并带来更多的数据和新的发现。数据分析的具体方法主要有三种：解释性分析、结构性分析和反射性分析。

1. 解释性分析

解释性分析是通过对数据的深入考察，找出其中的构造、主题和模式。解释性分析要求案例研究的结果具有较高的客观性，因此，一般要使用计算机对数据进行处理。首先，研究者对数据库中的数据进行细分。一个问题和一个回答都可以成为一个数据细分。然后，设计一系列的类目对数据进行合并，每一个数据类目都代表一种现象。例如，领导者的特点是数据类目中的一类，而他们的性格特点和行为特点就可以成为该类目下的子类。接着，研究者把细分好的数据分配到不同的数据类目里。在分配的过程中，研究者经过不断比较，决定哪些数据应该进入哪些类目，并不断整理原来的数据细分，修改初始类目设计。通过不断比较，研究者能够明晰每一个类目的意义，划清不同类目间的界限，并决定哪些类目是研究重点。

2. 结构性分析

结构性分析是通过对数据的考察，确认隐含在文件、事件或其他现象背后的模式。结构性分析不需要理解每一个数据的意思并作出推断，在这一点上它与解释性分析有所不同。作为一种常规的分析,结构性分析只需要考察文字或叙述上的数据。

3. 反射性分析

反射性分析是一种主观的分析方法,它依赖于研究者的直觉和判断对数据进行描述。有学者提出,当研究者需要重视一种现象,并需要对此作出大量的描述时,反射性分析是最理想的分析方法。与在解释性分析中建立的数据类目不同,在反射性分析中,研究者对现象的解释和评价一般不受约束,因此,该方法适合经验丰富的研究者使用,并适合用于探索性的研究。

五、撰写案例研究报告

案例研究报告的撰写是案例研究的最后环节,是将研究成果展现出来并进行推广的过程。这个过程需要研究者有明确的写作目的和转换角度,以读者的角度撰写研究报告,并根据不同的读者选择不同的写作方式。

（一）确立案例研究报告的目标

案例研究报告是案例研究的成果。研究报告不仅需要实现研究的目的,反映研究的贡献,而且需要确定研究报告的读者群,针对不同的读者采用不同的写作形式,以完成推广研究结论的目的。因此,确立研究报告的目标就是要确定报告的具体读者。研究报告应该满足读者在一些重点、细节、行文形式甚至文章长度方面的需要。论文评审委员可能是学位论文的唯一读者,因此,研究者可以把评审委员会成员以前的研究结合到论文中,建立更多概念或方法方面的共识,从而增强同特定读者群的可交流性。

（二）撰写案例研究报告的程序

撰写案例研究报告一般分为四个步骤:筛选素材,构思并拟定写作框架,内容的表述,再加工。

1. 筛选素材

筛选素材需要注意以下三个问题。

（1）本案例的主题及关键问题与研究目的之间的关系。

（2）案例中起决定性作用的决策者所掌握的情况有哪些。

（3）非决定性角色或旁观者所需要提供的信息有哪些。

2. 构思并拟定写作框架

构思并拟订写作框架,即构思报告大纲,安排案例结构,选择编写手法。

案例研究的报告可以根据具体情况采用不同的结构,最典型的是线性分析结构。在线性分析结构中,报告首先说明研究的问题和研究目的,再说明论文综述、研究方法和程序、研究过程中所搜集到的数据资料、数据资料的分析和结果、结果的解析和总结、研究的评述、参考文献、注释和附件等。另一种较为通俗的案例写作安排是依据案例中事件发生的顺序展开,交代案例发生的背景,案例中事件发生的起源、过程和结尾。

案例编写主要有两种比较常用的写作风格:分析性和反射性。分析性是一种客观的写作风格,它要求研究者以第三者的角度客观写作,包括研究介绍、文献综述、研究方法、研究结果和讨论。研究者必须提供足够的证据来增加结论的可信度,明确地定义案例的边界,同时注意从多个角度展现事物的正反面。而反射性报告则需要研究者以自己的立场发表自己的见解,研究者需要将案例编成故事,展开论述。反射性报告可以用事件顺序描述法、关键事件描述法等方法。

3. 内容的表述

研究报告的表述重在实在、简洁、易懂,而这也是案例编写的难点。在内容表述上要做到以下五点。

（1）构建清楚的段落。

（2）写清楚的句子,选用词义清楚的措辞。

（3）树立好的案例编写文风。

（4）使用引语,这是为了保持案例提供情况的真实性。

（5）在表述时,不能构成明显的因果关系。

4. 再加工

再加工是在完成初稿后对整个报告的整体进行修改和完善,其中需要重点注意的是在表述中要对部分涉及案例中人物隐私的敏感信息进行处理,加以掩盖和修饰。当然,不论如何掩盖和修饰都要保留问题的核心部分。

(三)撰写案例研究报告的注意事项

撰写案例研究报告需要注意以下三个问题。

1. 撰写案例时,保持客观的立场

每一个研究者都有自己的经历、知识和认知,但是由于书面案例的目的是提供信息,为读者解决案例中所呈现的问题,因此成功的案例不应含有作者个人的主观偏见。

2. 保证论据和案例线索的清晰

论据不应该太难或者太模糊,必须时刻记住案例分析的目的。即使案例很复杂,或者多于一个问题,研究者也要能够找到线索,确定哪些是相关的内容。研究者需要厘清复杂的案例及案例线索,以便读者阅读和理解。

3. 引用非语言的数据介绍案例的历史

非语言的数据包括组织内部非语言的沟通、途径、方式等,还包括存在于组织内部及其下属单位的运作设想、价值观、道德标准和态度等。把案例中人物的看法仅当作看法而不是事实来写,所有的引用语当作直接引用语来写,不用作任何解释,只确定是谁说的话。

第二节　问卷调查法

如果想了解演讲中男性与女性领导风格的差异,你会怎么办?如果想了解员工对公司某项政策的态度,你会怎么办?如果想了解学校师生对食堂膳食质量的满意度,你会怎么办?如果想了解城市居民对该城市环境的看法,你会怎么办?问

卷调查法,作为收集资料的一种方法,已经被人们广泛使用。它不仅可以运用于学术研究,也可大量地运用于民意调查、意见收集、现象验证、行为预测等方面。

一、问卷调查法概述

问卷调查法是研究者通过事先设计好的问题来获取有关信息和资料的一种调查方法。在这一节中,将会介绍问卷调查法的概念、种类、作用及适用性,实施的基本步骤。

(一)什么是问卷调查法?

1. 问卷调查法的概念

问卷调查法作为市场调查中收集资料的一种重要方式,也是社会科学领域重要的调研方法。为了在学位论文调研中更好地运用这种方法,应当先弄清问卷是什么,问卷调研的目的是什么,进而去理解问卷调查法的含义。

有学者认为,问卷是社会调查中用来收集资料的一种工具,一种类似于体温表、测力器、磅秤、米尺那样的工具。只不过与这些工具不同的是,问卷在形式上是一种精心设计的问题表格,而其用途则是用来测量人们的行为、态度和社会特征的,它所收集的则是有关社会现象和人们社会行为的各种资料。

有学者则指出,问卷调查研究方法的基本目的,一是描述被调查者的有关特征,也即描述有关变量的特征,主要是要把有关变量的变异或变化描述清楚;二是进一步解释为什么会发生这种变异。

用一句话总结问卷法就是调查者运用统一设计的问卷向被选取的调查对象了解情况或征询意见的调查方法。

结合问卷调查的参与者与问卷的作用,本书对问卷调查法定义如下:问卷调查法是调查者运用统一设计的问卷向被选取的调查对象了解情况或征询意见的调查方法。

2. 问卷调查法的种类

分类依据不同,问卷调查法划分的种类也不同。根据调查方式,可分为书面问卷调查与网络问卷调查；根据问卷填答方式，可分为自填式问卷调查与访问式问卷调查。

（1）按调查方式分类：第一，书面问卷调查。书面问卷调查是指调查者采用书面问题征答形式，将设计好的问卷调查表直接或间接地送到被调查者手中，由调查对象填写后返还给调查者的一种调查方法。一般认为，书面问卷调查包括邮寄问卷调查、电话问卷调查与专员访问调查。第二，网络问卷调查。网络问卷调查是指调查者通过被调查者在网上作答问卷而获取资料的一种调查方法。随着最近十几年互联网的普及，网络问卷调查呈现蓬勃发展的趋势。

（2）按问卷填答方式分类：第一，自填式问卷调查。自填式问卷是由被调查者自己填写的问卷。一般适用于邮寄调查、网络调查等。第二，访问式问卷调查。访问式问卷调查是由调查者根据被调查者对问题的口头回答而在问卷上作记录的调查方法。一般适用于电话问卷调查、专员访问调查等。

3. 问卷调查的作用

一份优秀的调查问卷，既要能正确反映调查者的目的，又要准确传达被调查者的想法，是连接调查者与被调查者的信息纽带。调查者在回收问卷后，通过整理问卷资料，对其中的信息进行分析、归纳和总结，进而根据所得的调查结果撰写调查报告。调查问卷的质量好坏，直接影响调查结果与调查报告的优劣。调查问卷在调研过程中起着重要的作用。

调查问卷的四种主要作用。

（1）获得各种观点、态度、偏好、评价和理解。

（2）收集可以进行系统性整理的定量数据，包括以电子方式整理的数据。

（3）收集定性数据，包括开放式回答。

（4）收集定量和定性相结合的数据。

正因为调查问卷具有以上的作用，所以，它是调研过程中的一个非常重要的因素。研究表明，调查问卷的设计直接影响所收集到的数据的质量。即使有经验的调研者也不能弥补问卷上的不足。

4. 问卷调查法的适用性

问卷调查法之所以应用广泛,是因为相对于其他调查方法,有其自身的优点,如操作简单易懂,可高效地获取信息。但是,它也有一定的局限性,使得调查结果有时无法让人信服。因此,研究者在选用问卷调查法时,要掌握其适用性,扬长避短,以取得最优结果。

(1) 问卷调查法的优点:第一,经济性。问卷调查可以通过邮寄、电话、网络问卷等方式进行,从而可以在短时间内完成大量资料的发放与回收。特别是网络问卷,问卷的发放、回收与处理不仅可以通过网络软件快速完成,而且还可确保所得资料的准确性,节约了人力、财力和物力。相对于其他调查方式,问卷调查的成本较低,具有经济性,在一定的财力支持下可以有较大的调查样本规模。第二,广泛性。问卷调查的经济性决定了它的广泛性。由于问卷调查成本较低,所以问卷可以在较大的范围内发放,涉及较多的被调查人数,达到较大的样本规模,而大样本对于描述性或解释性分析都是十分重要的。第三,客观性。调查问卷的客观性体现在两个方面:一是客观性的选择题可以避免访谈调查可能导致的潜在偏差。当面访谈时,调查者的提问方式、表述质量甚至其外表都会影响调查对象的答案,而问卷调查则可以避免这种可能的偏差。二是问卷调查一般都采取匿名的形式。这样,被调查者在面对隐私、敏感问题时,更容易作出真实的回答。第四,标准化。问卷一般采用标准化格式,内容明确,操作简单易懂,使调查对象比较容易理解问卷的目的。同时,标准化的问卷也使调查者能够更方便地统计和分析所得的数据,并处理调查结果。

(2) 问卷调查法的局限性:第一,篇幅有限。问卷设计制作时一般要求不可太长,也不可太短;问卷内容受篇幅限制,调查者难以从有限的问卷中获取深层、详细的答案。第二,回答率低。回答率是指完成问卷的人数占样本总数的百分比。回答率低,就无法知道所描述的特性能否推广到全体样本。基于低回答率的结论是有疑问的。回答率与问卷长度有关,短问卷的回答率通常比较高。研究表明,问卷长度超过125个问题,会使回答率下降。特别值得注意的是,当目标人群是一般公众时,书面问卷调查的回答率一般不到50%,这就限制了书面问卷调查的使用。第三,答案偏差。一方面,如果问卷设计不合理,那么容易引起被调查者回答的偏差;另一方面,问卷调查法无法控制答题顺序,在有些调查中,如果被调查者知道后面要问的问题是什么,可能会引起对前面问题回答的偏差。

根据上述各种优点及局限性,可见问卷调查法具有特定的适用范围。一般而言,问卷调查法适合针对一定数量的可控人群(如学校里的学生、公司里的职员、组织内的成员)在特定的场合(如教室、会议室、车间)集中发放。这种情况下,回答率会较高,问卷长度受限较少,成本也较低。但由于其局限性,所以问卷调查法一般不能采用自愿报名的方法取样。

(二)问卷调查的基本步骤

问卷调查一般涉及五个步骤,即调查准备、问卷设计、调查实施、资料整理与撰写报告。

1. 调查准备

在问卷设计与调查实施开始之前,调查者首先要明确调查目的,以确定所需资料。调查准备对后续行动起导向作用。

2. 问卷设计

问卷设计是依据调研目的,将所需了解的内容以一定的格式和顺序进行排列,组合在特定的调查问卷的活动过程。

3. 调查实施

收集调查资料的过程,实际上就是调查的实施过程。调查者采取一定的调查方式,向选定的调查对象发放问卷,并通过回收问卷来收集所需资料。

4. 资料整理

资料整理是调查者把回收的原始问卷资料进行条理化、系统化的加工过程。

5. 撰写报告

对原始资料的分析和处理后,调查者归纳并总结调查结果,通过文书将调研结论表述出来的过程就是撰写报告的过程。

以下章节将对问卷调查的五个基本步骤分别进行介绍。

二、调查准备

"凡事预则立,不预则废",这里的"预",就是准备。问卷设计之前的准备对调查活动起着重要的作用。在这一节中,主要介绍问卷调查准备阶段的内容,包括明确调查目的、设计调查问卷、选择调查对象、确定调查方式、拟订其他相关资料。

(一)明确调查目的

调查目的是问卷调查的出发点和中心,它决定着调查问卷的设计、调查对象的选择、调查结果的分析等。只有明确了调查的目的,才能具体执行调查任务,以达成任务。因此,在问卷调查的准备阶段,首先应该对调查研究的课题、调查活动进行审视和分析,明确调查目的。

(二)设计调查问卷

在对调查目的和内容有了比较清楚的了解后,即可进行问卷设计。在设计过程中,应该遵循问卷设计的基本原则,并根据调查目的,确定问卷中问题的类型,问卷结构和问卷内容,问卷设计的具体流程。

(三)选择调查对象

调查对象,也叫分析单位,是调查研究中进行抽样、调查和分析的基本单位。它的主要有以下四种类型。

一是个人。

二是组织(如企业、学校、机关等)。

三是群体(如家庭、班级、老人、妇女等)。

四是社区(如村、乡、镇、区、市)。

数据分析与调查结论应当针对特定的调查对象,而不能混淆不同类型的调查对象。一般来说,问卷的调查对象,应根据调查研究的不同目的和调查的复杂性,按抽样方法进行选择。

1. 调查对象的抽样与选择

抽样是指按照随机的原则从调查对象总体中抽取部分调查对象进行调查,并运用数理统计的原理,从调查所得数据推断调查对象的总体情况。简而言之,抽样就是从总体中抽取一定数量的样本来推断总体情况的一种方法。恰当的抽样才能使样本具有代表性,调研结果才能有效推论到总体上。

在进行抽样之前,一般都会先制订抽样计划,在这个抽样计划中列出抽样调查的具体步骤。通说认为,抽样调查可分为七个步骤。

(1)界定调查总体。界定调查总体就是要清楚地说明调查研究对象的范围,如A市B大学中一年级至三年级的学生对互联网发展的看法。

(2)选择资料收集方式。选择资料收集方式对抽样过程有重要影响。例如,使用邮寄问卷调查、电话问卷调查、专员访问调查、网络问卷调查,对抽样结果都会有不同的影响。

(3)选择抽样框。抽样框又称"抽样范畴",是抽取样本的所有调查单位的名单。例如,要调查A市B大学学生上网的情况,这时抽样框就是该校全体大学生的点名册。

(4)确定抽样方法。抽样的方法可以分为概率与非概率抽样两类,分别叙述如下:第一,概率抽样。概率抽样也称为随机抽样,指按照随机原则抽取样本。也就是说,在抽取样本时概率抽样方法排除了主观上有意识挑选的可能,使得总体中的每个单位都有一定的机会被抽中。概率抽样的特点是可以用样本数据对总体参数进行估计,并计算总数参数可能落入的区间范围,所以从概率样本中所获信息的含金量较高。但由于抽取概率样本的技术操作相对复杂,同时必须要有抽样框,因而概率抽样的成本较高,对抽样设计人员的专业技术要求也较高。第二,非概率抽样。非概率抽样是相对于概率抽样而言的,指抽取样本时并不遵照随机原则,而是根据主观判断有目的地挑选,或是依照方便、快捷的原则抽取。因此,这种抽样效果的好坏在很大程度上依赖于抽样者的主观判断能力和经验。与概率抽样相比,非概率抽样的最大特点是操作简便、时效快、成本低,但因为在非概率抽样条件下,无法查明样本统计量的分布情况,或者这种分布根本就是不存在的,所以尽管样本数据有可能对总体特征作出不错的描述,但是无法对估计结果的精确性作出评价,也不能从概率的意义出发来控制误差,在理论上也不具备对总体进行推断的依据。

（5）决定样本大小。样本大小又称"样本容量",是指样本所含个体数量的多少。样本的大小不仅影响其自身的代表性,而且还直接影响到调查的人力、物力和财力的花费。确定样本大小时,一般考虑的因素有以下四点:精确度要求;总体的性质;抽样方法;客观制约,如人力、财力的限制。

（6）抽取样本,收集资料。在前五步的基础上抽取样本,收集调查所需资料。

（7）评估样本正误。把样本从总体中取出来之后,不要急于作全面调查,要初步检查一下这个样本对总体的代表性如何。只有具有代表性的资料,才能正确推断总体的情况。

2. 调查对象的阅读或表述能力

一方面,从调查内容出发,在选择调查对象时,要考虑调查对象的阅读能力。部分调查问卷可能涉及复杂的问题,这就需要调查对象具有一定的阅读和理解能力,否则,被调查者可能会产生迷惑或错误的理解,而问卷不能纠正误解,无法解答被调查者可能提出的问题,被调查者可能会因迷惑而作出错误的回答,甚至不回答问题。另一方面,当调查问卷中设有开放式问题时,就要考虑到调查对象的表述能力。开放式问题要求调查对象写出较长的答案,这比口头表达的负担要大得多。如果在选择调查对象时没有考虑到这个因素,那么很可能会降低回答率。

（四）确定调查方式

调查者应该根据调查目的及调查所需资源,如人力、物力、财力等,决定问卷的调查方式。按调查方式分类,问卷调查可分为书面问卷调查与网络问卷调查。

1. 书面问卷调查

调查者在确定具体调查方式时,应该考虑各种方式的优点及局限性。表 6-3 所示为各种书面问卷调查方式的优点和缺点。

表 6-3　各种书面问卷调查方式优点和缺点

项目	邮寄问卷	电话问卷	专员访问问卷
调查范围	较广	可广可窄	较窄
调查对象	有一定控制和选择,但回复问卷的代表性难以估计	可控制和选择,代表性较强	可控制和选择,代表性较强
调查条件	问题量大,被调查者回答问题时需要思考时间	问题量少	问题量大,调查者需要控制调查环境
影响回答的因素	难以了解、控制和判断	不太好了解、控制和判断	便于了解、控制和判断
回复率	较低	较高	高
回答质量	较高	很不稳定	不稳定
投入人力	较少	较多	多
调查费用	较高	较高	高
调查时间	较长	较短	较短

2. 网络问卷调查

近年来,随着网络的普及和发展,网络问卷调查也因此备受关注和青睐。同样,在决定采用网络问卷调查方法之前,调查者首先应该考虑网络调查的优点和局限性。表 6-4 所示为网络问卷调查的优点和缺点。

表 6-4　网络问卷调查的优点和缺点

优点	缺点
从开始实施到得到结果的时间短	抽样总体的代表性存在问题
不需要人头费,成本低	不使用网络的人不被作为调查对象
调查可以不受时间和区域的限制可以寻找符合特定条件的人	调查对象只有任意应征者
能够以仅对某个特定事物感兴趣的人为对象进行调查	有可能区分出对特定事物感兴趣的人
可以进行使用图像及声音的调查	数据的可信性难以核实
可以进行自由填写	性别、年龄等难以确认

一般来说,调查者如果决定采用网络问卷调查这种方式,那么通常需要使用网络调查程序或调查网站等媒介。网络调查程序与调查网站主要有自我开发、免费使用、有偿使用三种类型。

(1)自我开发型。自我开发型是调查者根据调查的需要,在互联网上自我开发的一种调查程序或建立调查网站,并通过该程序或网站,将设计好的问卷发布给被调查者。使用自我开发型的调查程序或调查网站时,一般要求调查者具有较高的计算机编程能力、操作技术等,开发难度较大。

(2)免费使用型。近年来,为了方便调查者,互联网上出现了许多免费的在线问卷调查网站。这些调查网站不仅可以具有人性化的在线问卷设计功能,而且还可以提供自定义发送问卷、分析调查结果等一系列服务。例如,在线问卷调查网站问卷星、调研宝、调查圈、调查派等,因为快捷、易用、成本低的明显优势,目前已经被大量企业和个人广泛使用。

(3)有偿使用型。与免费使用型问卷调查网站相比,更多的专业调查网站是提供收费服务的。这些专业调查网站可以根据不同的调查目的,为调查者专门设计一套适用的调查问卷,并帮助其执行调查,根据结果分析已得数据,进行数据整理归档等工作,如问卷网、易调网、数字100调查网、EnableQ、零点调查网、问道网、OQSS网上调查等。

(五)拟订其他相关资料

在问卷调查的准备阶段,即问卷设计和调查实施开始之前,应该把各种相关的资料准备齐全,如问卷的介绍信、问卷中的指导语及问卷调查结束后的感谢信。

1. 介绍信

在问卷调查中,介绍信是相当重要的。邮寄调查和网络调查中的介绍部分通常被作为调研信函。在专员访问中,介绍通过口头形式说给潜在调查对象听以作为开场白。为了能引起被调查者的重视和兴趣,争取他们的合作和支持,介绍信的语气要谦虚、诚恳、平易近人,文字要简明、通俗,有可读性。由于每一个调查和它的调查对象都是独一无二的,所以调查者不应该使用相同的介绍信。介绍信具有以下五种功能。

（1）表明调查者的身份。介绍信不仅是一种礼貌的表示,而且为调查者提供了一个可以在调查开始前介绍自己的机会。例如,"您好,我叫某某,我是某某大学的学生"。

（2）说明调查目的。应该清楚、简洁地表达调查目的。在介绍信的开始部分,调查目的往往用一两句话表达:"我们正在进行一项关于像您这样的成功人士使用个人计算机图像软件包情况的调研。"

（3）解释如何选择调查对象。应该让调查对象了解为何被选作样本。回答被调查者的提问"为什么是我"时,只需一个简单的句子就够了。往往只要告诉他们,"我们是随机抽样的"。当然,按常理讲,你应当告诉他们真实的选择方法。如果对他们的选择不是随机的,你应该告诉他们所采用的抽样方法。

（4）提出激励措施,激发参与兴趣。调查者应该激起被调查者的参与兴趣。"能否请您花5分钟时间填写这份问卷,并将之封入已印好地址和已付邮资的信封中寄给我们？"调查者应该尽量说得简洁,同时要让被调查者了解你已经邀请他参与了。但是,现在消费者往往对电话调查者和访谈人员十分反感,调查者需要向被调查者提供一些激励,如给予被调查者一定报酬,让被调查者知道参与的重要性等。

（5）对被调查者进行筛选。被调查者要经过筛选,利用筛选问题来筛选那些不符合调查要求的被调查者。是否对被调查者进行筛选是由调查目的决定的。如果一项调研的目的是调查那些想购买新车的顾客在选择销售商时所考虑的因素,那么调查者可能想筛掉那些尚未购买新车或在最近两年中没有购买新车意愿的顾客。调查者可以问:"请问您在最近两年中买过新车吗？"对那些回答"否"的被调查者,调查者应该礼貌地对他们表示感谢:"谢谢您的回答,占用您的时间了。"

介绍信的制作应该和设计问卷中问题的制作一样仔细。被调查者在读或听前一两个词时的感觉会在很大程度上决定他们是否继续参与调查。因此,对调查者来说，做好一份介绍信或开场白是十分重要的，它可以最大限度地激发潜在调查对象的参与兴趣。如果调查者不能成功说服调查对象来参与调查，那么其为问卷设计所做的所有工作都白费了。

2. 指导语

指导语指用来指导被调查者填写问卷的一组说明或注意事项。指导语要简明、易懂，使人一看就明白如何填写。它主要有以下三种类型。

（1）选择答案时做记号的说明。一般用圆括号"（ ）"或方框"□"来限定作答区域，并要求回答者在其要选择的答案前或后的圆括号或方框内做记号。例如，请在你所选答案前的"（ ）"内打上"√"；请在你所选答案前的"□"内打上"√"。

（2）问卷题型的说明。如果问卷的题型有多种，指导语一般在填写须知中说明；如果问卷的题型不多，也可以直接写在问题的后面，如"选择一项""有几项选几项""可以多选"等。

（3）填写答案要求的说明。例如，凡在回答中需选择"其他"一项作为答案的，请在后面的作答区域中用简短的文字注明实际情况。

3. 感谢信

在问卷调查寄出时，调查者还应该准备一封感谢信附在问卷之后，以表达对被调查者配合和支持调查活动的感谢。

三、问卷设计

问卷设计是一门科学，也是一门艺术。有学者认为："一份好的问卷看起来就像一首好诗那样易于完成。最后的作品应该看起来像是由一个天才儿童轻松写出的——但它通常都是长时间辛勤工作的成果。"可见，问卷设计不是一项简单的任务，它是问卷调查过程的关键所在，往往直接影响调查结果。下面我们将介绍问卷设计的原则、问卷问题的若干类型、问卷设计过程及问卷设计中态度的测量这四个方面的内容。

（一）问卷设计的原则

在设计问卷时要求调查者具有一定的技巧性、灵活性和创造性。虽然问卷类型、内容有所不同，但都要满足问卷设计的根本要求，即在一定成本下获取最小误差的有效数据。这一要求体现在问卷设计的四个基本原则中。

1. 功能性原则

功能性原则是问卷设计最基本的原则，能实现问卷的基本功能，达到规范设计和满足调查者需求的目的。

2. 可靠性原则

可靠性原则指作为数据收集工具的问卷，应该保证数据在一定的条件下维持其稳定性。具体来说，就是由于调查者、被调查者和调查环境的不同，所以可能引起数据波动。问卷应具有一定的稳定性，以减少这三方面干扰对数据质量的影响。

3. 效率原则

在遵循功能性原则和可靠性原则的前提下，问卷设计应该保证最大效率原则。简单地说，就是在保证获得同样信息的条件下，应该选择最简洁的询问方式，以使问卷的长度、题量和难度最小，节省调查成本。

4. 可维护性原则

问卷的设计往往不是一次性完成的，好的问卷需要经过反复的测试和修改，待错误全部修正后，再正式实施调查。一份便于修正的问卷应当结构清晰，不同的调查项目之间应有明确的界限，当一个项目的内容需要进行调整时，不会影响问卷的其他部分。

（二）问卷问题的若干类型

根据不同的分类方法，问卷中的问题可以分成不同的类型。其中，根据调查目标分类，可以分为四种类型：以事实为调查目标的问题，以态度为调查目标的问题，以人际关系为调查目标的问题，以行为为调查目标的问题。

1. 以事实为调查目标的问题

对这类问题的调查主要是想得到有关事实的信息,但是,调查存在着所报告事实错误的可能性,这种错误可能由记忆错误或回答偏见所致。记忆错误多出现在对过去发生的琐碎、平常的事件的回忆中。问及事实时,调查者要注意回答的准确程度受时间间隔的影响,时间间隔越短,准确程度越高。要使被调查人准确地理解问卷中的问题,就要避免他们按照自己的参考系解释问题,而且问题设计必须具体而明确,问题措辞、问卷形式也需仔细斟酌。

2. 以态度为调查目标的问题

问卷调查经常涉及一些主观问题,我们把各种主观问题都归作态度问题或看法问题。

关于态度的问题是问卷中最难设计的一类问题。被调查人对态度的表达在很大程度上取决于问卷中的问题措辞、问题顺序和调查者。调查者问及以态度为调查目标的问题时,要注意调查中可能遇到的困难,具体包括以下三个方面。

(1)被调查人可能对所调查的问题没有看法,也可能从未考虑过这个问题。有些人在并未深思熟虑的情况下就随便给出一个回答,另一些人则回答"不知道",调查者因此无法知道他们的态度。对待这种情况,调查者可以通过测量从提出问题到被调查者回答问题的间隔时间,将真正对某种事物有自己看法的人与并无看法而匆匆回答问题的人区分开来。但这种区分方法只能在电话调查和专员访问调查时使用,适用范围较小。

(2)态度经常是复杂的和多方面的。一个人也许对企业减员增效的措施没有始终一贯的态度,在某些情形下可能支持它,在另一些情形下可能反对它,如站在改革的立场上支持它,站在个人利益的立场上反对它。

(3)态度具有强度方面的差别。具有同样态度的人其强度会不同,如对企业减员增效的措施,一些人可能看得不那么严重,而另一些人反应会很强烈,甚至会写信上访。

3. 以人际关系为调查目标的问题

以人际关系为调查目标的问题要了解的是一个群体内人们的实际关系和相互间所持的态度。这类调查问卷可能会问一个组织中的每一个成员,他们愿意和谁做伙伴或不愿意和谁做伙伴,要求回答人写出他们愿意为伴者的名字,并限制名字的个数。如果被调查者相信随后的某种安排而做出选择,一般都会给出诚实的答案。

4. 以行为为调查目标的问题

以行为为调查目标的问题关注的是调查对象的某种行为习惯及该行为的影响等。行为调查问卷设计中最重要的原则是问题应该具体、明确。

例如,"你现在正在看什么书?你经常买哪类图书"的提问要比"你经常看哪类图书"更可取。关于电视节目的电话调查,"你昨天看了什么电视节目?你经常看哪个栏目的节目"要比"你经常看什么电视节目"更可取。以上两种情形中的第一个问题都提供了较好的暗示,引导被调查者回答具体问题。

(三)问卷设计过程

问卷设计的具体过程主要包括确定问卷结构、设计问卷内容、获得相关方面的认可、问卷的预测试与修改及问卷的定稿。

1. 确定问卷结构

一般来说,问卷结构包括标题、主体及结语三个部分。

(1)标题。每份问卷都有一个调研的标题。调查者应该开宗明义地定个题目,反映这个问卷调查的主题,让人一目了然,增强被调查者的兴趣和责任感。例如,"中国互联网发展状况及趋势调查"这个标题,把调查对象和调查中心内容都表达出来了,主题十分鲜明。

(2)主体。问卷的主体是问卷的核心部分。问题和答案是问卷的主体,也是调查的基本内容。从设计角度看,问卷问题的回答形式一般包括开放式问题与限选式问题两类。

（3）结语。结语可以是简单的几句话，对被调查者表示真诚的感谢。也有些简单的问卷没有结语部分，但是问卷的标题和主体是不可缺少的。

2. 设计问卷内容

对问卷内容的设计，是问卷设计中最重要的部分，主要包括确定问题的回答形式、注意问题的措辞、对问题进行排序、设计问题的答案及问卷评议。

（1）确定问题的回答形式。在设计问卷时，首先应该确定问卷问题的回答形式。从结构松散到结构严谨的回答形式，可把问题分为开放式问题和限选式问题。

①开放式问题。开放式问题也经常称为自由应答或自由回答问题，要求被调查者对问题作出自己的答案。开放式问题允许被调查者按照自己的逻辑和思路不受限制地回答问题。例如，"您认为某公司的服务在哪些方面应有所改进？请您畅所欲言"。选择使用开放式问题时，调查者要了解它的主要优缺点。

第一，开放式问题的主要优点：开放式问题激励效果较好，研究者也不需要预先知道被调查人的选择；开放式的逐步深入的提问方式，有助于获得所需要的充分的信息。

第二，开放式问题的主要缺点：成本高，编码困难。对开放式问题的回答不仅取决于被调查人对该问题的看法，答案还受被调查人态度的强烈程度、在该问题上的利害关系、卷入该问题的程度、所了解的有关知识、教育程度、语言能力和风格等其他因素的影响，而且被调查人的回答经常自相矛盾，难以分类，无法综合，所以要对这些答案进行编码整理很困难，有时甚至是不可能的。

②限选式问题。限选式问题包括多项选择问题和两分式问题。

多项选择问题要求被调查者从问题后所提供的选项中选择答案。被调查者可能会被要求选择一个或多个可选择项。例如，"您的年龄是多少"这个问题，其后提供了五个选项，分别是1～19岁，20～39岁，40～59岁，60～79岁，80岁以上。

两分式问题是一种极端的多项选择问题，它让被调查者仅在两个选项中选择，这两个选项中有一个中立选项，如"没有观点"或"不知道"。例如，"您在最近的一年里买过新车吗"，其选项分别是"有"和"没有"。选择使用限选式问题时，调查者要了解它的主要优缺点。

第一，限选式问题的优点：容易回答，容易编码，便于分析，答案具有可比性；调查效率较高，较适合调查敏感的题目或令人不快的题目；能帮助被调查者弄清问题意图或回忆起有关事实。

第二，限选式问题的缺点：问卷的选项可能对被调查者产生诱导；被调查者容易虚拟选择自己不了解的答案，使答案不真实。

③两类问题同时使用。有些问题并不是一个非此即彼的问题，就需要同时使用开放式问题和限选式问题，以提供额外的信息。问过限选式问题，再利用开放式问题继续问下去，这叫作追问。追问能够有效地结合开放式问题和限选式问题各自的优点。例如，接着问那些选择了"以上都不是"的被调查者一个开放式问题，让他们展开解释为什么选这个答案，就是这种情况的一个常见例子。

在问卷中采用追问问题的目的大概有两种。第一个目的是准确地找出那些被调查者特别难回答的问题。第二个目的是协助调研人员理解被调查者提供的答复。对开放式追问问题的回答能为分析限选式问题提供很有价值的指导意见。

（2）注意问题的措辞。问题的措辞，就是将已定类型和内容的问题转化为标准的提问及能够使被调查者理解并据其回答的问题。措辞不当的问题会得到有偏差或无意义的回答。问题措辞合适的前提是对要调查的内容有清晰的概念和明确的想法。调查者在采用不同的调查方式时，问题措辞应当有所不同。一般来说，问题的措辞应注意以下六点。

①措辞要礼貌。措辞不要伤害被调查人的自尊，要尊重被调查人的个人隐私。

②措辞意义要明确。问题必须具体而详细。例如，询问某人的收入，这样的问题太模糊，因为收入有职业收入、家庭总收入、税前收入和税后收入之分。再如，"你对工作单位中的工作条件满意吗"和"你工作的单位中工作条件令人满意吗"

这两个问题是不同的。前一个问题问的是个人感觉,后一个问题易被理解为问大家的感觉。

③专业术语选用。专业术语若使用不当,可能完全改变问题的意思。使用专业术语的准则,一是要精确;二是要简单,容易理解。这两个准则有时会冲突。另外,也有许多经常使用的术语常常被误解,应避免使用,应以较简单的同义语来替代。但是,用简单词汇替代有时会将简单的短句子变成复杂的长句子,所以并不是所有场合都能这样做。

④问题措辞时要避免无根据的假设。例如,"你的职业是什么"这一问题假设被调查者有职业。有一些无根据的假设同双管问题相关联,这类双管问题没有适当地合并两个不同的问题,并且要求给出一个回答。例如,"你认为公司对员工的激励政策是有效、公正的吗"。

⑤要避免使用模棱两可或含义模糊的词。某些词汇(如经常、有时、最近)含义模糊,容易引起误解,调查者应该避免使用这些词汇。

⑥要避免使用容易产生偏见的词汇。容易产生偏见的词汇会产生有偏见的回答。例如,自由、平等、公正、官僚之类的词汇容易引起某种强烈情绪,在调查问卷中应尽量避免使用。问题中出现褒义词、贬义词或否定词,都会影响被调查者的回答。例如,"您是否认为美国应该禁止反对民主的公开言论",在这个问题中,"禁止"一词容易产生偏见,对被调查者的回答有诱导作用。

(3)对问题进行排序。对问题进行适当的排序有两个作用:减轻回答人的负担,激励他们完成答卷;避免回答人在回答前面的问题后对后面的问题产生偏见。其中,问题顺序涉及问卷的总体顺序和一个话题里的问题顺序这两个层次的问题。

①问卷的总体顺序。在自填式书面问卷中,最好将回答人有兴趣的、愉快的、比较容易回答的问题、社会上普遍关心,同时与调查目的相关的问题放在开头(可以用有两三个选择项的限选式问题),以增强回答人完成问卷的动力和信心。比较沉闷的一般性问题(年龄、性别等)应当放在结尾处。在代填式问卷中,简短介绍

调查目的之后,调查人员应当从一般性问题开始提问。建立友善的关系后,转向与调查目的有关的主要问题。关于被调查者的社会背景和个人情况等问题可以放到后面再问。有学者以表 6-5 总结了一份典型问卷的总体排序。

表 6-5 一份典型问卷的总体排序

位置	类型	功能	例子
开头问题	宽泛的一般性问题	打破僵局,与被调查者建立起亲善感	你有录像机(VCR)吗
随后的几个问题	简单而直接的问题	进一步让被调查者放心,既简单又容易回答的问题	你买这台录像机时考虑了哪几个品牌
占到问卷 1/3 篇幅的问题	有侧重点的问题	与调研目标关系更为密切,告诉被调查者调研涉及的领域	你买这台录像机时考虑到了哪些属性
问卷的主体部分	有侧重点的问题,有些可能比较难、比较复杂	获取调研所需的大部分信息	根据下列这些 VCR 的产品属性对你的重要性,排列它们的顺序
最后几个问题	被调查者可能会认为是敏感问题的个人问题	获取关于这个被调查者自身的分类信息和人口统计信息	你已完成的最高学历是什么

②一个话题里的问题顺序。在一个话题内安排问题顺序一般遵循以下两个原则。第一,"漏斗"原则。通常先提一般性问题,再提特殊的和具体的问题,最具体的细节内容放在最后。按照从一般到特殊的顺序提问,产生的偏见较少。例如,应该先问被调查者总体上对工作满意不满意,接下来再问工作中涉及的工作条件、同事、工资等比较具体的问题。如果先问被调查者对工资是否满意,随后在对工作满意度作总体判断时,工资的权重就可能过大。第二,尽量避免因内容和问题顺序而可能产生的偏差。如果相互间存在某种关系的问题在问卷中紧挨着,那么对后面问题的回答可能会产生偏差。这种现象称为问题顺序效应。一般来说,一般性或概述性问题在先时,容易出现问题顺序效应。在问题顺序安排中,应尽量避免可能因问题顺序效应而产生的偏差。

（4）设计问题的答案。开放式问题与限选式问题的答案设计各有其不同的要点。

①开放式问题的答案设计。与限选式问题的答案设计相比,开放式问题的答案设计相对简单。一般来说,调查者只需在问题之后以空格或者横线提示被调查者回答问题。例如,"您最喜欢的颜色是：_____。"

②限选式问题的答案设计。限选式问题的答案设计应注意以下两个方面。

第一,穷尽性。穷尽性是指答案包括了所有可能的情况,下列问题的答案就是穷尽的。

您的文化程度是 ____。

——小学及以下

——初中

——高中或中专

——大专及以上

对任何一个被调查者来说,问题的答案中总有一个是符合他的情况的,或者说每个被调查者都一定是有答案可选的。

第二,互斥性。互斥性是指答案相互之间不能相互重叠或相互包含,也即对于每个被调查者来说,有且只有一个答案符合他（她）的情况。

③答案设计应注意的问题。

第一,答案设计要尽量注意提高问卷的可读性。问题与答案的设计如果语言呆板,会使被调查者觉得没有兴趣,因此,在设计时,要尽量注意问卷的可读性。例如,对于文化程度较高的被调查者,在设计答案时,可以采用成语；在对一般市民调查时,可以采用一些俗语等。

第二,答案不能带有更多的信息。有份问卷中有这么一个设计。

您最喜欢的某产品的品牌是 _____。

——甲（1995 年最畅销的产品）

——乙（1995年次畅销的产品）

——丙（1995年第三畅销的产品）

——丁（1995年第四畅销的产品）

这种设计等于对被调查者进行诱导，在没有特殊用途时，这种设计是不允许的，因为它不能反映被调查者的真实想法。

第三，答案中尽量不用贬义词。在调查中，如果答案使用贬义词，会严重影响调查的结果，通常的做法是在褒义词的前面加上否定，如不用"喜欢"和"厌恶"，而用"喜欢"和"不喜欢"来进行设计。

调查内容不同的问卷，还会有其他一些具体的答案设计要点。调查者在设计问卷时，要根据具体情况的不同来设计答案，做到考虑充分、设计恰当。

（5）问卷评议。在完成问卷内容的设计后，调查者应请有关专家对调查结果进行评论并提出建议。专家应尽可能代表不同的观点，以便找出由于研究者的个人价值观和技术缺陷而产生的偏见和盲点。评议问卷时，也可参考问卷设计的原则。

3. 获得相关方面的认可

问卷设计进行到这一步，问卷的草稿已经基本完成。如果调查问卷是营销调研问卷，那么该问卷需要获得直接有权管理这个项目的各部门的认可。管理部门的认可表明他们想通过具体的问卷来获得信息。如果没有提出问题，数据将收集不到。因此，问卷的认同再次确认了调研所需要的信息及它将如何获得。

4. 问卷预测试与修改

在最终定稿前，应对问卷作最后的审定，往往通过做一次预测试来审核问卷能否达到预期效果。预测试往往是在正式调查之前，通过对一些典型被调查者的访谈来审核问卷是否有错误。参加预测试的对象是否具有代表性是十分重要的，应该有针对性地选择一些目标调查对象。

访谈人应该了解调查研究的整个意图和每一个问题的目的，并在开展预测试之前,通知被调查者参加预测试,他们需要就问卷中的措辞、短语、问题流程,问卷中难以理解的问题或答案及其他各种问题提出意见。预测试有助于在实际调查研究前弥补问卷的不足,防止问卷有误的情况发生。

在预测试结束后,调查者需要分析预测试结果,对问卷作必要的修正,问卷的修正包括内容、形式,以及对问题的说明和对回答问题的指导。如果问卷改动过大,还要再进行一次预测试。

5. 问卷的定稿

以上的步骤都完成后,问卷设计基本完成,调查者可以最终定稿,准备实施调查了。

(四)问卷设计中态度的测量

态度有很多定义。一般来说,态度通常被看成是一种持久的性情,对于世界的各个方面,包括人、事件及物体,以某种特定的方式作出的一贯反应。在调查问卷中,调查者常常需要测量被调查者对人、事件、物体等的态度。

1. 态度测量的方法

调查者在测量态度时,通常使用排序、定值、分类技术、选择技术等方式来测量被调查者的态度。

排序工作要求被调查者对少量的行为、事件或物体,根据总的偏好进行排序。定值要求被调查者通过数量分数对某特征的大小或对象所具有的品质进行评价。分类技术给被调查者提供几张印有产品概念的卡片并要求被调查者将卡片分成几堆或换句话对产品概念进行分类。选择技术要求被调查者从两个或多个待选物品中选择一个,它是态度测量的另一种技术。

2. 态度的定值量表

使用定值量表大概是问卷调查中测量态度最普遍的做法。态度的定值量表一般包括分类量表、累加定值法、语义差异、中心量表等类型。

(1)分类量表。一些定值量表只有两个回答类别:同意和不同意。另一些定值量表的回答类别可以根据一个描述或评价维度进行有序的排列。

例如,你的上司对你礼貌和友好吗?

——从不

——几乎没有

——有时

——经常

——很经常

这种定值量表又名分类量表。分类量表比只有两个回答类别的量表测量得更准确。

(2)累加定值法。累加定值法,也叫李克特量表。使用该量表时,被调查者通过在仔细编写的对一个态度对象从很肯定到很否定的范围的陈述中,标记他们同意或不同意的态度的强烈程度,以表明他们的态度。被调查者一般在5个选项中进行选择:强烈同意、同意、不确定、不同意和强烈不同意。例如,并购提供一种比内部扩张更快的增长手段。

表6-6 李克特量表

强烈不同意	不同意	不确定	同意	强烈同意
1	2	3	4	5

要测量态度,调查者给被选答案分配分数或权数。在这个例子中,将权数1、2、3、4和5分配给各个回答。如果作为例子使用的陈述对态度是肯定的,那么强烈同意表示对陈述最赞成的态度,应该分配5的权重。同理,如果给出的是否定陈述,权重应该颠倒过来,"强烈不同意"应该分配5的权重。在一个累加定值表中,一个单独的量表选项是一个定序量表。

(3)语义差异。语义差异是由一系列量表构成的。与累加定值法相比较,语义差异对态度对象的陈述不是从肯定到否定,而是在量表的头尾两端设计对立的形容词。对立的形容词可以是"好"和"差","现代的"和"老式的","清洁的"和

"肮脏的"。

被调查者被指示在与适合的形容词最近的位置画记号。从左到右,量表区间段表示"极端现代""很现代""稍微现代""既现代又老式""稍微老式""很老式"和"极端老式"。权数分配给定值量表的每个位置上,分数为 1、2、3、4、5、6、7 或 –3、–2、–1、0、1、2、3。

（4）中心量表。中心量表是为同时测量态度的方向和强度而创建的。当编写对立的形容词有困难时,量表用单独一个形容词作为语义差异的代用品。修改的中心量表将单独一个形容词放在偶数个数值中间(例如,范围从 3 到 –3)。表 6–7 给了一个中心量表,它用于对监管人员的态度的测量。你认为这个词语精确地描述了监管人员,就选择一个正数。你认为这个词语对监管人员描述得越精确,你选择的数值就应该越大。你认为这个词语对监管人员描述得不精确,就选择一个负数。你认为这个词语对监管人员描述得越不精确,你选择的负数的绝对值就应该越大。因此,你可以选择从 3(你认为这个词语很精确)到 –3(你认为这个词语很不精确)之间的任何数值。

表 6–7　对监管人员的态度的测量中心量表

监管人员的姓名
3
2
1
支持的（0）
–1
–2
–3

此外,各种态度测量技术都有各自的优缺点。表 6–8 是本节讨论的态度定值技术优缺点的小结。

表 6-8 定值量表的优缺点小结

定值测量	要求调查对象	优点	缺点
分类量表	指出回答类别	适用性强,容易回答	类别少,只能作出较粗略的区分;选项可能模糊
累加定值法	一般包含五个选项的量表陈述	最容易编制的量表	很难判断单独一个分数的含义
语义差异	在关于适当的维度的对立形容词之间选择	容易编制,形式比较标准	必须找出对立形容词;数据可能是定序的,而不是定距的
中心量表	在一个单独的形容词位于中间的量表中选择	比语义差异容易编制,容易管理	两端点是数值,而不是语言、标签

四、问卷调查的实施

调查者在问卷设计完成后,需要组织一个调查团队实施调查活动。问卷调查的实施包括制订实施计划、培训调查者、问卷的发放、问卷的回收及调查的管理。

(一)制订实施计划

调查实施前,调查者需要制订实施计划,包括确定问卷调查实施的具体时间、地点,对调查工作完成进度的要求等。调查实施计划一般编写在实施指导手册中,条理清晰的指导手册对于现场调查人员的工作具有不可忽视的指导作用。

(二)培训调查者

对调查人员的培训是调查实施过程中的一项重要工作,它对调查数据的质量起着关键作用。一个优秀的调查人员,是经过培训、实践、再培训、再实践的过程成长起来的。通说认为,对调查人员的培训内容可以分为基础培训和项目培训两种。

1. 基础培训

基础培训主要是对新聘用的调查人员开展的。基础培训的内容主要包括以下三个方面。

(1)责任心教育。调查人员的职责是利用合法的手段,以严谨的态度去采集信息。在这里,职业道德十分重要,要坚决杜绝调查人员造假或伪造采访的现象出现。调查人员要以健康和积极的心态面对访问工作,同时要为调查对象保密。

（2）行为规范。调查人员要按调查活动的要求,规范自己的行为。例如,严格按照项目要求确定调查对象;在现场调查中需要使用随机表确定调查对象时,不要轻易被周围环境(如被调查者的推脱)影响;严格按照规范要求进行操作,包括提问、记录答案、使用卡片等;调查中要保持中立的态度,不能加入自己的观点和意见来影响被调查者。

（3）调查技巧的培训。调查技巧一般包括调查人员在调查开始前的自我介绍,实施调查活动时的提问、引导、追问及非语言控制技巧等。在培训中,不仅要告诉调查人员应该怎么做,同时还要让调查人员明白为什么这样做。这对调查活动实施的效果起着重要作用。

2. 项目培训

项目培训面对所有的调查人员,其目的在于让调查人员了解项目的有关要求和标准做法,使所有调查人员都能以统一的口径和标准的做法进行调查,同时还要进一步明确调查纪律和操作规范。项目培训的内容通常包括以下三个方面。

（1）行业背景简介。问卷调查活动会涉及不同的行业,每个行业都有不同的情况和专业知识,而调查人员对此未必全都有基本了解。适当介绍一些行业背景和与调查内容有关的专业知识,既有助于调查人员理解调查问题的含义,也能帮助他更好地理解被调查者的答案。

（2）讲解问卷内容。向调查人员解释调查问卷中每一个问题的含义及问题之间的逻辑关系。在问卷讲解中,要特别注意对复杂选项题目的分析,具体分析一般的情况,可能出现的特殊情况,以及处理特殊情况时所应该掌握的原则。

（3）其他要求。除上面的内容外,还要向调查人员介绍以下内容:被调查者的条件(筛选);需要完成的样本量;所需要的调查工具,如调查介绍信、指导语、感谢信等。

（三）问卷的发放

根据不同的调查方式，调查人员应严格按照调查活动要求来发放问卷。例如，邮寄问卷和网络问卷都是由调查人员统一发放的，而在进行电话调查和专员访问时，调查人员在规定的时间内依次询问调查对象，通过口头提问的方式来进行调查。

（四）问卷的回收

同样，根据不同的调查方式，调查人员回收问卷的方法也不同。邮寄问卷可以等被调查者填完后，由调查人员直接回收，也可以让被调查者寄回指定地点；网络问卷一般通过被调查者填完问卷后，单击"提交"按钮，直接可以回收；而电话调查和专员访问在调查人员询问结束后直接回收问卷。

1. 回收问卷时的注意事项

（1）为研究对象的方便考虑。人们往往不愿填写和寄回问卷，主要原因是嫌麻烦。通过邮寄进行问卷调查的基本方法是将一份问卷、一封解释研究目的的信和一个写好回信地址并贴好邮票的信封同时寄出。

（2）做好回收问卷的记录。调查人员应认真记录每份问卷是在哪天寄回的。解决这一问题的一个很有效的办法是制作两张图，一张是每天寄回问卷的分布图，另一张是寄回问卷份数的累积比率图。其作用是让调查人员了解调查的进程，并为确定加寄催促信的适当时间提供参考。另外，每一份寄回的问卷要有一个登记号。登记号应是连续的，这样有助于分析历史事件的影响。例如，研究者要做一项关于人们对股市看法的调查。在收集数据的过程中，报纸披露了一宗股市黑幕。如果了解消息见报的日期和问卷寄回的日期，就可推测这一消息对人们对股票市场的看法所产生的影响。

2. 提高问卷回收率

提高调查问卷回收率的技巧是每个调查人员都必须掌握的技巧。以下提出两点有助于提高问卷回收率的注意事项。

（1）注意问卷发放的时间。调查人员在发放调查问卷时，应该尽量避开节假日、休息日或者可能发生重大事件的日子，以免被调查者不愿意作答或者以非平常的心态胡乱作答。

（2）催促信。写催促信是提高邮寄调查问卷回收率的有效做法。最简单的方法是写一封信，敦促调查对象尽快填写问卷。更好的办法是随催促信再寄一份问卷。方法论文献表明，邮寄三次是调查问卷回收率最高的做法。每次投邮的间隔以两周到三周为宜。

3. 可接受的回收率

从理论上讲，调查分析所使用的推论统计学是建立在所有的样本成员都填写并寄回问卷这一假设之上的，但这一点基本上是做不到的。因此，调查者应当检验回收样本与初始设计的差距，看其是否仍然符合随机样本的要求。回收率直接影响样本的代表性。高回收率造成的偏差显然小于低回收率造成的偏差。一般认为，50％的回收率是可以用来分析的标准，60％的回收率是好的，70％就非常好了。但这只是一般的看法，并无统计学的依据。

（五）调查的管理

虽然在调查活动开始前已经对调查人员进行了讲解和训练，在一定程度上减少了他们在调查中出现错误的可能性，但是仍然存在相当多潜在的现场调查误差。为了保证调查活动的质量，管理者应该对调查人员进行管理，直到调查结束，发现问题时，应该及时纠正。

一般来说，调查的管理包括检查已完成的问卷，对问卷进行归档，召集调查人员进行总结，以及评估调查工作。

1. 检查已完成的问卷

检查现场的记录是否规范，字迹是否清晰，有没有缺失数据等。对发现的问题，采取及时的补救措施。对工作质量较差的调查人员，要再次进行培训。

2. 对问卷进行归档

对现场操作中每个阶段的实施情况,都要建立必要的文档进行管理,如问卷收发表、入户接触表、复核记录等。这些文档材料不仅有助于现场管理时及时发现问题,进而有针对性地进行工作,同时还有助于项目组对调查现场操作的质量进行评估。

3. 召集调查人员进行总结

随着调查活动的展开,调查人员应定期提交工作报告,汇报和总结调查过程中的情况。必要时,管理人员要将调查人员召集在一起进行座谈、总结。

4. 评估调查工作

对调查工作的评估可以通过以下两个方面进行评估。

(1)调查人员的工作质量。调查人员是成功收集数据的关键因素。首先要确保聘用的调查人员具有进行问卷调查的素质和能力,同时还具有很强的责任心,并且经过良好的专业技术培训。对调查人员工作质量的评估包括四个方面:调查过程的规范性,问卷的填写,工作记录,调查完成时间。

(2)调查管理工作的质量。调查管理工作的质量,可以通过一系列的文档文件得以反映,包括培训资料、项目进度表等操作控制文件及问卷复核记录等检查性文件。

五、数据资料的整理

问卷调查资料收集回来以后,调查者必须进行数据资料的整理。数据资料的整理包括问卷的审核、数据编码与录入、数据分析及图表展示分析结果。

(一)问卷的审核

对调查所得资料进行审核是保证调查工作质量的关键。资料的审核指对回收问卷的完整性和访问质量的检查,目的是确定哪些问卷可以接受,哪些问卷要作废。如果对回收的问卷不经过审核就直接加工,往往会降低分析数据的准确性。因此,调查者必须对问卷进行检查,这些检查常常是在调查还在进行的过程中就已经开始。调查者在审核问卷时,需要区分所得资料的真假和粗细,消除资料中的"假""错""缺""冗"等现象,以保证资料的真实、准确、完整和简明,经审核整理后将无效的或不能接受的问卷剔除。

(二)数据的编码与录入

有效的问卷是可以进行数据编码与录入工作的依据。

1. 编码

编码,就是将问卷(包括调查问题和答案)转化为统一设计的计算机可识别的代码,以便对其进行数据整理与分析。编码是信息转换的重要手段之一,一般采用数字代码系统进行编码。

(1)编码的基本原则:

准确性,设计的代码要能准确、有效地替代原信息;完整性,在转换信息形式的同时,尽量不丢失信息,或者减少信息的浪费;高效率,易于操作,尽量节约人力、物力;转换的代码要便于数据的整理与分析;标准化原则,以便于比较。

(2)编码的设计。编码的设计即确定各问卷、问卷各项目和答案对应代码的名称、形式、范围及与元数据的对应关系。

2. 录入

对于计算机辅助电话访问(CATI)和网络调查,数据收集与录入可以同时进行。对于邮寄调查、专员访问调查等,需要进行数据录入。数据的录入除键盘录入外,还可以采用扫描、光标阅读器等方式,目前应用最多的仍是键盘录入。数据的录入可以利用数据库形式,也可以使用其他一些专门的数据录入软件,如 PC-Editor 或 SPSS 中的 Data Entry 等。此外,还可以直接用一些普通的中文、英文文字编辑软件,按文本文件的形式输入。

(三)数据分析

一旦数据资料准备就绪,即可进入问卷调查的数据分析阶段。数据分析是问卷调查过程中的重要阶段,需要选用相应的数据分析方法,从前期获得的数据中挖掘调查目的所要求的并且确实能够得出的调查结果。

统计分析方法是调查者较常使用的数据分析方法。根据研究目的的不同,可以把统计分析大概分为描述统计分析和推论统计分析两类。

1. 描述统计分析

描述统计分析着重于数量水平或其他特征的描述,可能通过某具体指标反映某一方面的特征,也可能通过若干变量描述它们的相互关系。描述统计分析的结果重于数量描述,不具有推断性质。

2. 推论统计分析

推论统计分析主要用于通过对样本的研究来推断总体。推论统计分析的结果不仅可用于描述数量关系,还可以推断总体,进行预测,解释原因及检验理论等。

(四)图表展示分析结果

调查的结果,特别是重要的结果,可以用图形有效、充分地表达。下面介绍常用的三种图形:线形图、饼状图和柱形图。

1. 线形图

线形图可能是所有图中最简单的,尤其适用于在不同时间点上进行的测量。

2. 饼状图

饼状图是另一种较常用的图形,适用范围较广。

3. 柱形图

柱形图是最灵活的图形之一,任何可在线形图、饼状图中表示的数据结果均可在柱形图中表达。另外,许多不能表达的或不能在其他图表中有效表达的数据,也能用柱形图表达。柱形图有以下四种形式。

(1)简明柱形图。简明柱形图是柱形图中最简单的一种。

(2)聚类柱形图。聚类柱形图是可以表达交叉表格内数据结果的一种柱形图。

(3)堆积柱形图。堆积柱形图可以形象地展示一个大分类包含的每个小分类的数据,以及各个小分类的占比,显示的是单个项目与整体之间的关系。

（4）多行三维柱形图。一般认为多行三维柱形图是表达交叉表格信息中最具有视觉吸引力的形式。

4. 使用图表需要注意的问题

在使用图表时,调查者应该记住图表只是为了说明主题,并不能替代主题,更不是调查报告的装饰。在设计和制作图表时要注意以下四点。

（1）图表要简明扼要,把统计资料简洁地表达出来。

（2）每张图表都要有号码(图序或表序)和标题,图序和标题置于图的下方,表序和标题置于表的上方。

（3）图表中要准确表达数据的意义。数据和相关的文字描述要对应的标记。

（4）图表的度量单位选择要适当,使得图形表现均衡。

六、撰写调查报告

撰写调查报告是问卷调查活动的最后一步。调查报告是问卷调查活动的最终成果。调查报告是用书面形式表达的调查结果,如果调查报告写得拙劣,那么即使问卷设计、实施得再好,得到了很好的原始数据,最终也会由于报告的问题使得整个调查工作黯然失色,甚至功亏一篑、前功尽弃。

（一）调查报告概述

调查者在撰写调查报告时要注意调查报告的撰写技巧。下面按照调查报告正规格式的顺序,分别对每一部分的内容作一些简要说明。

1. 封面

封面中包括调查报告的标题,执行调查项目的研究人员或机构(名称、地址、电话),提交报告的人员或机构(名称、地址、电话),报告的提交日期等。

2. 目录

目录应该列出调查报告各部分的标题及其对应的页码。在多数报告中,目录部分只需包含大标题和小标题即可。目录的详细程度取决于报告的长度。如果图表较多,调查报告目录之后还应该有图表目录、附件目录等。

3. 摘要

摘要是调查报告中最重要的部分,是整个报告的精华。摘要按照调查项目的顺序将问题展开,并对调查的原始资料进行选择、评价,得出结论、提出建议等。摘要一般包括五个方面的内容:调查目的,问题的描述,处理问题的途径,主要的发现及结论和建议。

4. 引言

引言即调查问题的定义。这一部分给出调查问题的背景,并据此对调查项目的必要性作简要的解释。

5. 调查方案设计

这部分详细描述执行调查的具体方案,包括调查的准备、问卷的设计等,这一部分要用易于理解的方式来描述,要使用非技术性的语言,说明调查者所选用的具体方法是正确的。

6. 数据分析

描述数据分析的方案,说明所采用的方案和技术是正确的。数据分析的技术应当用简单的非技术性语言进行描述。

7. 调查结果

提出调查的发现,包括基本结果、分组结果和关联性分析结果等方面。它是报告正文中最长的部分,一般要由几个章节组成。这部分内容要紧紧围绕调查问题和所需信息,按照调查目的的逻辑顺序来安排。调查结果的说明要简单、扼要,细节可用图表作辅助说明。

8. 局限性及一些必要的解释说明

在这部分,调查者应该持公开坦率的态度,指出调查存在何种局限性,资料收集过程存在什么问题,并简要讨论这些问题对结果的可能影响,目的是使报告的阅读者和使用者能够对调查结果作出自己的评估。

9. 结论和建议

结论和建议是撰写分析报告的主要目的,包括对引言和正文部分所提出的主要内容的总结。在这一部分中仅将统计的结果总结出来是不够的,调查者应当按照定义的问题来解释统计结果,并从中提炼出一些结论性的东西,然后根据调查统计结果和结论,提出自己的建议。

10. 附件

附件是指调查报告正文包含不了或没有提及,但与正文有关,必须附加说明的部分,它是对正文报告的补充或更详尽的说明。

（二）评估调查成果

评估调查成果,一般包括两个方面:一是从学术成果来评价;二是从社会成果来评价。对调查成果的评估必须以实践为基础,它实质上是在实践中应用调查结果和检验调查结论的过程。

（三）总结调查工作

总结调查工作,主要是在总结、积累成功经验的同时,吸取失败教训,特别是要注意寻找改进调查工作的途径和方法,为今后更好地进行问卷调查活动打下坚实的基础。

第七章 研究生学位论文答辩及其规范

学位论文答辩是一种有组织、有鉴定的正式审查论文形式,也是检验研究生培养质量的关键环节。《中华人民共和国学位条例》与各高校的学位授予细则,均对研究生学位论文答辩提出了明确的要求和具体的规定。为了做好学位论文答辩工作,校方、答辩委员会、答辩者三方,都应做好充分的准备并严格遵守相应的要求与规范。

第一节 学位论文答辩的目的与意义

一、学位论文答辩的目的追求

学位论文答辩的目的,对于校方和答辩者并不完全相同。对于学校而言,研究生学位论文答辩是检验研究生教育质量和导师培养水平的主要依据;对于学生而言,通过学位论文答辩,不仅要获得毕业证书和学位证书,也是对自身专业素养乃至学术道德、人格修养的综合检视与提升。

(一)学校层面

校方组织答辩的目的是进一步审查学位论文是否具备了相应的学术水平,并以此为重要依据,决定是否允许其作者毕业并获得相应学位。主要考察论文作者对所著论文的认识程度与即时论证能力;考察论文作者的理论素养和科研能力;审查论文是否由学员自己独立完成等情况。

1. 进一步考察论文作者对所著论文的认识程度与即时论证能力

一般说来,学生提交的论文已能大致反映其论文水平及研究能力,但由于认识不足、篇幅所限、研究薄弱等多种原因,论文对论题应该阐释的某些问题可能并未涉及或语焉不详,答辩过程中通过作者的内容陈述、答辩委员的垂询追问,论文作者的当场答辩,可以进一步厘清作者对所写论文的认识程度、理解深度和即时论证论题的能力。

2. 进一步考察论文作者的理论素养和科研能力

研究生教育的目的是培养具有较强专业能力和创新能力,能够独立从事教学、科研的高层次科学技术人才。学位论文答辩过程中,答辩专家通过对选题意义、核心概念、重要观点、框架结构、论文新意与价值、数据资料的可靠性、论据论证、研究方法与过程、格式规范、语言表述、问题不足等多层面的追问,既可考察作者对专业知识掌握的深度与广度,又可进一步考察作者综合运用所学知识独立地分析问题和解决问题的能力。

3. 审查毕业论文的真实性

撰写毕业论文,要求学生在教师指导下独立完成,但它不像考试、考查,在老师严格监视下完成,而是在一个较长的时段、开放的空间完成的,少数学生可能投机取巧、滥竽充数,甚至剽窃、作弊。论文指导教师虽然严格把关,但受精力、能力等主客观条件所限,在审查论文真伪方面可能仍有疏漏。而由 5~7 位专家组成的答辩委员会,通过更为严格、细致的个人和集体评鉴,可让华而不实者、弄虚作假者"现出原形",从而保证学位论文的质量。

(二)学生层面

论文答辩既是研究生学习的最后环节,也是走向社会、步入工作岗位前的一次素质和能力的大检阅。研究生参加学位论文答辩的直接目的是获得硕士或博士学位,同时应该认识到,学位论文答辩还有更深层次的目的和意义。

1. 展示素质、体现能力

学位论文是研究生为获取学位,向学校或相应学术单位提交的学术(或科学)研究论文。学位论文答辩是学位论文工作的最终环节,是审查学位论文优劣的最后一步,是保证研究生学位授予质量的有效手段。通过学位论文答辩,研究生可以向答辩专家及广大师生展示专业知识、理论基础、学术水平、语言表达能力、逻辑思维能力、临场应变能力,还有个人的学术道德和人格修养。

2. 增长知识、交流信息

答辩委员会由具有丰富经验的高水平专家组成,他们的提问和指点有利于答辩者进一步深化对研究内容的认识,促进其研究水平的提高。答辩专家阐述的观点和提供的信息使研究生可以获得新知。相应地,学位论文中的独创性见解和研究生在答辩中所提供的最新资料,也会使答辩专家及与会师生受到启迪。

3. 激发潜能、启迪智慧

学位论文答辩者平时很难有机会与诸多专家学者聚集一堂,针对某一课题及研究成果进行思考、问辩,而学位论文答辩会恰恰创造了难得的机会。这种形式也为答辩人提供了展示自己的机会,通过学术对话、即席回答,可能把原来沉淀的潜能和智慧适时地激发出来。答辩对于参与旁听的或等待答辩的学生也具有示范、启发的作用。

4. 千锤百炼、严谨治学

国内外在学位论文答辩之前,都有论文评审环节。该环节要求除导师外,邀请(或教育部门指定)同行专家学者进行答辩前的审读,要求专家学者严格按照学术规范,提出能否将论文提交答辩的专业性意见。如果专家认为论文尚未达到相应水平,论文作者需要按照其意见、建议进行修改。答辩会上,如果答辩委员会成员有反对意见,则休会协商,最后仍不能通过的,则需延长攻读学位时间,直至顺利通过答辩,才能毕业。

二、学位论文答辩的价值功能

学位论文答辩是充满人文精神和科学态度的特殊对话,具有特殊的人文价值和实际功用。

（一）学位论文答辩的人文价值

1. 学位论文答辩是一次认识事物的求真过程

学位论文答辩即为"求真"式的对话过程,双方在不断提问和回应中,进入思维深层,进入科学深层,使得怀疑精神、批判精神、求实精神、纠错精神、奉献精神、试错精神等得以弘扬和实践。

2. 学位论文答辩是一次道德人格的求善过程

季羡林在《留德十年》中谈到他在德国哥廷根大学攻读博士学位和做博士后的十年中,导师的学术要求极为严格,但态度始终和蔼亲切,让人如沐春风,也使他有信心、有勇气、有毅力在饥寒交迫、精神极度愁苦中坚持下来。中国科学院院士、华中科技大学前校长杨叔子,要求其博士生必须读《老子》《论语》,其中的重要章节还要求背诵,以便培养研究生的向善精神,否则不准参加论文答辩。研究生学位论文答辩中,可及时发现并纠正学生在观点、论证、引文等方面存在的伪论、伪证、伪引等非道德行为。从此意义上,学位论文答辩不仅是知识求真的过程,也是道德人格的求善过程。

3. 学位论文答辩是一次心灵艺术的求美过程

认知的"真"与道德的"善",都可包含在个体审美意识之中。其实,不论做人还是做事、做学问,只要研究通透,把握本质,都是"大道至简"。极简不仅是美学原则,也是一种审美境界,爱因斯坦、毕加索等大师都是极简主义者和心灵艺术的审美大师。优秀的学术论文,不仅具有形式美,同时还有创新的新奇之美。成功的学位论文答辩会,会使答辩人经历审美的洗礼。

（二）学位论文答辩的实际功用

答辩是研究水平评价与再论证的过程,该环节是最为重要的质量控制与评价环节,也是后续研究的起点。缺少答辩环节的毕业论文流程设置不仅不完整,而且由于缺少最终的质量控制与把关体系,将会对论文质量产生严重的负面影响。

1. 质量控制功能

学位质量保障体系是维护学位声誉的有力保证。对于硕士、博士学位论文,各高校通行的质量监控主要有四大节点:一是开题。成立专家委员会,对选题的意义、价值,研究的可行性,研究的内容与逻辑思路等进行全面评估,评估结果直接决定论文能否进入研究阶段。二是预答。在学位论文外审之前,多数高校都会组织校内专家进行预答辩,对论文提出修改意见。三是外审。各高校一般采用匿名外审制,邀请校外专家就学位论文作出客观评价,其决定论文能否进入答辩或需要修改后进入答辩。四是答辩,由校内外专家组成答辩委员会,对论文进行审查,决定论文能否通过,提出是否授予学位的建议。

一般来说,研究生提出论文答辩申请并通过审核,意味着申请人已完成了学位条例规定的课程学习、论文工作等基本要求。但学位评定委员会并不能就此作出申请人是否已达到学位条例规定的学术水平的决定,这是因为:第一,申请材料中的课程学习及其成绩只能说明学位申请人的学习经历和具备了掌握坚实的基础理论和系统的专门知识的可能性,而其现实性尚未得到真正的反映;第二,学位论文没有为判断申请人是否具备具有从事科学研究和专门技术工作的能力提供全部必需的信息。因此,学位评定委员会在作出是否同意授予学位的决定之前,必须通过学位论文答辩来考察申请人的学术水平、科学态度,以及获取上述两个方面在书面材料中未反映的必要信息,从而确定申请人是否达到相应的学位要求。这是举行学位论文答辩的主要目的,也是学位论文答辩具有的主要功能。

2. 综合评价功能

与只对论文质量作评价的评审制相比,答辩制的优点在于通过"答"与"辩"的过程,能更全面地了解论文作者写作的态度与过程,全面地评价作者的选题能力、创新能力、写作能力、总结能力及语言表达能力等。同时,与评审制单个教师独立作出评价、结论相比,答辩制由于采用委员会制,其评价结果是共识基础上的意见表达。同时,通过"答"与"辩",实际上也听取了学生个人的意见,因此答辩结论更为客观、公正和合理。

3. 学位仪式功能

答辩制具有独特的仪式化功能。通过有组织、有准备、有计划的规范化论文答辩形式,通过论文作者与答辩委员会的"答"与"辩",既能让学生全面总结自身所学,体会专业与大学精神,感悟科学研究的"真""假",培育对科学研究的敬畏感,又能对学习生涯进行总结,增强学生对自身所承担的社会使命的认知。

4. 学术交流功能

学位论文中的独到见解和研究生在答辩过程中提供的最新资料,会使答辩专家与学生都受到启迪。答辩专家从多学科多角度提出的问题、意见和建议等,会使答辩者及同行师生从中受益。同时,学位论文答辩也是答辩单位和答辩委员进行学术交流的难得机会。硕士学位论文答辩至少要有一名校外专家任评阅人,答辩委员会的教授需有一名以上来自外单位(学校)的同行;博士学位论文答辩,校外专家不得少于3名,一般都邀请研究领域相接近的同行专家,客观上也促进了校际的学术交流。

第二节　学位论文答辩准备与要求

一、校方的准备与要求

对于校方而言,答辩前的准备即做好答辩前的组织工作,主要包括:复制比检测,组织论文评阅,审查学位论文答辩资格,组织预答辩,组织答辩委员会与答辩巡视小组,拟订答辩成绩标准,布置答辩会场等。

(一)复制比检测

学校均对学位申请人的学位论文进行复制比检测。初检检测在预答辩前进行,检测报告返回学院,请导师督促学位申请人对检测出来的问题在正式答辩前进行认真修改。终检检测在教授委员会会议前一周左右进行,所有拟申请学位人员的学位论文最终版本必须接受终检检测,学院将本次申请学位人员论文最终版本收齐后,按时提交至学位办,学位办将检测结果反馈给教授委员会。教授委员会应对检测结果高度重视、严格把关,将审核、检测结果作为讨论推荐学位授予的一项必备议程。对因学位论文复制比问题而未通过学位申请的人员,教授委员会须作出半年或一年内重新修改论文,并按上述程序参加检测,提交下次会议审核的决议。

(二)组织论文评阅

评阅结果全部合格者允许按期答辩,有一名及一名以上的评阅者认定论文不合格者,则需要推迟答辩。具体参见各高校学位论文评阅管理办法。

(三)审查学位论文答辩资格

审查参加学位论文答辩的学生是否具备如下三个必备条件。

一是已修完高等学校规定的全部课程的应届毕业生和符合有关规定并经过校方批准同意的往届生。

二是公开发表符合取得相应学位的学术论文。

三是学位论文指导教师签署"同意答辩"意见。

(四)学位论文预答辩

学位论文预答辩制度是确保论文质量的把关环节,目的在于通过建立一种规范、合理的机制,淘汰质量低劣的论文,对现行的论文答辩方式进行改革,建立更加科学合理的运行模式。将质量监控重心前移,也是对传统的学位论文答辩制度的一种修正和补充。具体内容如下。

一是预答辩委员会以一级学科为单位,由5~9名具有副高级以上职称的专家组成,其中1人担任预答辩委员会主席。

二是预答辩采取相关专业集中答辩的方式公开进行。时间一般安排在正式答辩前两个月进行。

三是学位论文预答辩的主要内容是审查论文选题、实验设计、研究方法、实验技术、数据统计和基本结论等。

四是预答辩程序与正式答辩程序基本相同,到会的专家严格按照评分标准,定性分析和定量评价相结合,逐项评审、打分,给出评审意见和结论,形成一种科学、合理的学位论文质量评价标准和评价机制。

五是将所有专家打出的分数进行综合,得出每一位学生的平均得分并排出名次。预答辩不通过者的学位论文要根据专家提出的意见和建议,在导师指导下认真进行修改,并不能按期进入答辩程序,一般于6个月后再次申请学位论文答辩。

(五)组织答辩委员会与答辩巡视小组

答辩委员会是审查和评价学位论文成绩的重要组织保证。博士学位论文答辩委员会由5~7人组成,成员应当是教授或相当职称的专家,其中博士生导师不少于半数,并要求至少有2~3名校外专家,学位论文答辩委员会主席原则上应由校外的博士生导师担任。全日制硕士学位论文答辩委员会由3~5人组成,同等学力申请硕士学位人员及在职专业学位人员答辩委员会由5~7人组成,其中半数以上应是研究生导师,1人是本校和申请人所在单位以外的专家。工商管理硕士、工程硕士等专业学位答辩委员会应有1名实际工作部门或工矿企业等部门的专家参加。博士、硕士学位申请人的导师一般不能聘为论文答辩委员会成员。

答辩委员会成员确定以后,一般要在答辩会举行前半个月把要答辩的论文分送到答辩委员会成员手里,答辩委员会成员需认真审读每篇论文,肯定成绩,找出不足,据此拟订答辩提问。

为进一步规范研究生学位论文答辩工作,使学位论文答辩不流于形式,不少高校近年来制定了学位论文答辩巡视制度,即组织答辩巡视小组,对学位论文答辩情况进行抽查、监督和评估,从而保证答辩的质量。

(六)拟订学位论文成绩评定标准

答辩委员会根据学位论文质量及作者的答辩表现,评定论文成绩,撰写答辩决议。为了使评分宽严适度,客观公正,学校应事先制定一个共同遵循的评分原则和评分标准,评分标准一般涉及学位论文所体现的理论基础、专门知识及科研能力,论文成果的创新性,论文写作能力,论文答辩的口头表达能力,回答问题的圆满程度等。学位论文的成绩,可分为优秀、良好、中等、及格、不及格五档或优秀、良好、通过、不通过四档。

(七)布置答辩会场

毕业论文答辩场地的布置情况会影响论文答辩会的气氛与答辩者的情绪,进而可能影响答辩的质量和效果。因此,学校应该重视答辩会场的设计和布置,尽量创造良好的答辩环境。

二、答辩者的准备与要求

答辩者必须做好在思想、陈述、设问、物质等各方面的准备,以保证学位论文答辩能够顺利通过。

(一)思想准备

学生要明确目的、端正态度、树立信心,克服怯场心理,消除紧张情绪,保持良好的心理状态。要做到自信,就需要答辩者对自己的论文从内容到形式、从局部到整体有充分的理解和多方面的准备。这样,才能心情放松,表述自然流畅,就能对专家学者提出的种种疑问应答自如。

(二)陈述准备

学位论文答辩过程中,答辩人必须就其学位论文的内容作 30 分钟左右的个人陈述。因此,撰写学位论文陈述报告是准备答辩的重点工作。

学位论文陈述报告主要包括以下五个部分。

一是为何研究?包括选题的背景、目的、意义,国内外的研究进展,主要指出存在的问题等。

二是如何研究?包括研究思路、研究方法、研究过程及问题的解决等。

三是内容框架、研究结论、主要创新成果及价值。

四是不足之处,研究展望。

五是在学期间主要研究成果等。

撰写陈述报告的基本要求是：突出选题意义，凸显研究价值；抓住研究要点，全面阐述工作；强调独立思考，突出创新成果。陈述准备过程中，应将陈述报告的要点精心设计为PPT课件，做到主题鲜明，一目了然；精选文字，突出重点；视觉美化，印象深刻。答辩之前，要对陈述内容进行试讲，做到内容了然于胸，语言精练、准确，时间控制适当。

（三）问题准备

答辩前，研究生应思考专家可能提出的问题，从而促进答辩人对论文再次进行反思，使答辩人做好应对新问题，接受新挑战的准备。

尽管因论文内容、形式、特点、不足等差异，答辩专家所提问题千差万别，但答辩专家所提问题是有规律可循的。总体来看，答辩专家往往针对下列方面进行提问：选题意义、核心概念、重要观点、框架结构、论文新意与价值，数据、资料的可靠性，论据论证、研究方法与过程，格式规范，语言表述，问题不足等。

这些提问大致可划分为两类。第一类，台阶型问题。凡是有可能影响学位论文通过的问题都是台阶型问题，通常涉及对学位论文整体水平的评价，如选题的新颖性、内容的科学性、方法的适用性、材料的可靠性、结论的创造性等。台阶型问题中的核心主要涉及论文的独创性与科学性。此类问题对学位申请人能否通过学位论文答辩形成一个个台阶，答辩人必须跨过这些台阶，才表明其达到了学位条例规定的学术水平，才有可能通过答辩。第二类，斜面型问题。除台阶型问题外的其他提问均可归入此类。通常涉及学位论文中的某个具体问题或申请人的某个学术观点，这些问题可以不受论文内容制约。答辩人回答此类问题的具体情况，对于其能否通过学位论文答辩一般没有影响，只会对答辩委员会决议中的学术评语产生一定影响。

由于台阶型问题决定了申请人能否通过学位论文答辩，因此，该类问题是答辩提问的主题，必须充分保证台阶型问题的答辩时间。而斜面型问题虽然能反映申请人的学术水平的细微信息,可以提高学位论文质量的区分度,但对于论文答辩的主要目的而言并不必需,因此在学位论文答辩中,斜面型问题是补充。学位论文答辩之前,专家已经审读过论文稿,因此,他们的提问可能有如下三个出发点。

1. 着眼于"挑",提出质疑

"挑"有两重意思:一是挑"刺",即根据文稿中的不足与疑点进行提问;二是挑战,通过提问,测定作者对相关问题的见解,测试作者应对挑战性问题的能力,探查作者能否及时发现论文的不足与漏洞。因此,专家往往针对论文的缺点和不足提出问题。专家提的问题,有些导师可能过去已经提过,但是学生未注意;有些问题导师尚未察觉,答辩专家首次即席提出,这些问题可以探察学生独立应对新问题、新情境的能力。

2. 着眼于"考",探测水平

该类提问与毕业论文主要内容直接相关,用以探究学生的基础知识是否扎实及知识掌握的广度、深度,主要就论文中涉及的基本概念与基本理论进行提问。

3. 着眼于"导",交流与引导并重

专家的提问不是为了"考倒"学生,而是要营造充满挑战的学术氛围。对于学员而言,论文答辩,就是接受挑战与考验;对于专家而言,既是一次"传帮带"的机会,也是师生间的学习与交流的机会。在答辩中,专家既要客观肯定论文的优点,也要实事求是地指出论文的疏漏,为论文修改、补充和完善指明方向。

(四)物质准备

一是准备答辩所穿正装;二是准备参加答辩会需要携带的用品。如学位论文样本(至少每位专家一份,自己一份)、主要参考资料、答辩提纲、答辩PPT、激光笔等。

第三节　学位论文答辩过程与要求

一、学位论文答辩流程

制订严密有序、科学规范的学位论文答辩程序,对于保证答辩工作顺利进行,提高答辩质量至关重要。高等院校的研究生学位论文答辩程序虽然并不完全一致,但总体来看,研究生答辩的基本流程大致相同,一般包括自我介绍,答辩人陈述,提问与答辩,总结和致谢四个环节。

(一)宣布主持

由答辩委员会主席宣布答辩委员会成员和秘书名单、学位申请人及指导教师姓名、学位论文题目等,并主持会议。

(二)宣读声明

申请人宣读《论文原创性声明》。

(三)宣讲论文

硕士论文约30分钟,博士论文约40~60分钟。建议答辩者根据事先准备的讲稿,借助多媒体或幻灯片,边演示边介绍,并尽可能地脱稿讲述。

(四)专家提问

专家以学位论文的研究内容为基础进行提问。所提问题应具体明确,难易程度适中。同时,专家对答辩学生可适当启发、积极引导。

(五)回答问题

答辩学生论文陈述完毕后,要集中注意力记录专家提出的问题,以便作出完整的答复,并将幻灯片返回到"论文题目"页,以便专家准确提问。通常,经过短暂的准备后,答辩学生用大约30~60分钟的时间对专家的提问作出认真的回答。

(六)专家表决

答辩完成后,答辩学生暂时离开会场。答辩委员会根据论文质量和答辩情况进行讨论,对论文和答辩过程中的情况进行小结,肯定优点,指出错误或不足之处。答辩委员会的小结内容包括评述论文内容和论文结构,提出论文存在的问题,评价学位论文和论文答辩情况等。最后,答辩委员会以无记名投票方式决定论文答辩是否通过。通常,至少要有2/3的答辩委员同意,才能通过答辩。

(七)宣布结果

由答辩委员会主席宣读答辩委员会对论文答辩的《决议书》和投票表决结果。对不能通过答辩的研究生,答辩委员会要提出论文修改意见,允许答辩学生在规定时间内修改论文后另行答辩。最后主席宣布答辩会结束。

二、学位论文答辩的基本要求

(一)学校层面的基本要求

做好学位论文答辩工作,高等学校应注意以下三个方面。

一是规范统一答辩制度。高等学校应对本校所有学科、专业的学生培养教育确定一致的规范制度。通过统一的规范制度,形成基本相同的教育思路,基本一致的学术要求,基本一致的程序设计。目前,高等学校研究生招生规模普遍比较大,同一学科、同一专业、同一年级招收十几名、几十名学生的情况普遍存在。学位论文答辩时,学校为同一专业毕业生可能组织若干个答辩委员会。同专业多个答辩委员会的存在,有可能导致标准不一致的现象,导致论文质量要求不同、答辩水平不同,甚至出现导师与学生选择答辩委员会的不正常情况。作为学校,需要保持同一学科、同一专业相对稳定的学术水平,在论文质量、规格、体例等方面保持相对一致,就必须制定规范统一的答辩制度,以此来确保论文的质量。

二是尽量邀请与课题相关、知识全面、经验丰富、了解深入、善于发现问题的专家作为答辩委员。一定时间内,不能对同一名教授发出过多的答辩委员邀请。使师生对知识心存敬畏,对学术研究有神圣感和使命感。

三是保证答辩时长。学位论文答辩程序规定研究生报告论文的主要内容:硕士生40分钟左右,博士生50分钟左右;答辩时间:硕士生约50分钟,博士生约60

分钟。按规定,单用于研究生宣读论文和答辩的时间,硕士生就应有90分钟,博士生应有110分钟。加上答辩委员会开会进行评价、投票表决、写出决议及答辩开场和复会宣读决议等,硕士生一场答辩一般应该有120分钟,博士生应该有150分钟左右。

(二)答辩者层面的具体要求

1. 熟练掌握,恰当运用

作者应该熟悉论文的内容,破除紧张心理,既能抓得住,又能放得开。抓得住,就是把握论文的要点和关键,切忌埋头宣读而不得要领;放得开,就是离开了论文和讲稿,仍能讲出精神,道出细节。为此,在答辩之前,学员应静心细读论文,反复思考专家可能提出的问题,研究答辩要领,勇敢地迎接提问,恰当地调用论文中的相关材料,做到熟练自如。

2. 点面结合,巧用案例

答辩报告既要全面指出论文内容结构,又要突出重点。个人的独到见解、论文的创新成果应该是报告的重点。为了说明论文的研究工作,要巧妙地利用特例。例如,一篇数学开放题设计的论文,如果只报告开放题的特点,论述开放题的设计原则,似乎不够,作者最好能列举自己所设计的数学开放题,说明这些问题符合所论述的设计原则。

3. 展示优势,突出亮点

论文的作者在答辩中要突出自身的优势,集中地展示论文中的亮点,争取专家的了解与支持。有些论文以题材新颖、创新点突出为优势,这时作者就要力求突出一个"新"字,并注意说明,论文与同类成果相比,"新"在何处;有些论文以工作难度大为特点,如果作者说明如何突破这个难点,就是论文魅力之所在。作者在答辩中应该展示其在掌握信息技术方面所达到的较高水平。

4. 胸怀开阔,应对自如

尽管专家审读过论文,但是由于时间所限,对论文中某些部分有时会有所忽略,甚至存在某些误解。不同的专家,对同一个问题有时也会产生不同的意见。无论在何种情况下,答辩人都应该尊重专家的意见和建议,不宜在答辩会上直接与专家发生争论,对于专家的质疑,作者应根据实际情况作适当的补充与解释。

三、学位论文答辩要领与技巧

(一)答辩要领

1. 时间控制

硕士学位论文答辩时间一般在 20~30 分钟,博士学位论文答辩时间一般在 40~50 分钟,但应按每个单位具体的时间规定而定。对论文答辩要有时间控制,宁少勿多。这样显得有准备,容易给答辩专家留下一个良好的印象。

2. 人称使用

在学位论文答辩过程中必然涉及人称使用问题,建议尽量多用第一人称"我""我们",能用"我"时不用"我们",这样会给专家一个好的印象——答辩人确实做了不少工作!

3. 充分准备

(1)认真做好幻灯片。幻灯片主要内容应包括论文的题目,指导教师姓名,选择该题目的原因,论文的主要论点、论据和写作体会,以及本论题的理论意义和实际意义。学位论文答辩一般要求将讲稿与多媒体或幻灯片紧密结合在一起。幻灯片内容要简洁,控制在 10~20 页。宣讲用的图表宜精简且具有代表性。图要选可视性强、趋势明显的,不同曲线最好用不同颜色加以区别。在论文中使用的表格如不适合宣讲时,尽量简化表格项目。说明趋势、表示差距的表格可改用图来表示,因为图比表更易理解,解释起来节省时间。

(2)熟悉论文全文。要熟悉论文的主体和结论部分的内容,明确论文的基本观点和论题的基本依据;弄懂、弄通论文中所使用的主要概念的确切含义,所运用基本原理的主要内容;同时还要仔细审查、反复推敲文章中有无自相矛盾、谬误、片面或模糊不清的地方,有无与党的方针、政策相冲突之处等。如发现有上述问题,就要及时补充、修正和解说等。只要认真设防,在答辩过程中,就可做到心中有数,临阵不慌和沉着应战。

(3)掌握相关知识。如对于自己所研究的这个论题,学术界的研究已经达到的程度和存在的争议,自己倾向哪种观点及理由,重要引文的出处和版本,论证材料的来源、渠道等。这些方面的知识和材料都要在答辩前做到有比较好的了解和掌握。

(4)总结不足之处。论文有哪些应该涉及或应该解决的地方,哪些在论文中未涉及或涉及很少的地方等,要认真总结和分析。是在研究过程中确已接触到并有一定的见解,还是力所不及而未能接触的问题,还是由于觉得与论文表述的中心关联不大而没有写入的问题等。

4. 细致答辩

(1)树立良好的信心。在做了充分准备的基础上,大可不必紧张,要有自信心。树立信心,消除紧张、慌乱的心理很重要,因为过度的紧张会使本可回答出来的问题也答不上来。只有充满自信,沉着冷静,才会在答辩时有良好的表现,而自信心主要来自事先的充分准备。

(2)携带必要的资料。首先,学生参加答辩,要携带论文的底稿和主要参考资料。在回答问题的过程中,允许翻看自己的论文和有关参考资料,答辩时虽然不能依赖这些资料,但带上这些资料,如果一时记不起来,稍微翻阅一下有关资料,就可避免出现答不上来的尴尬和慌乱。其次,应带上笔和笔记本,以便把老师所提出的问题和有价值的意见和见解记录下来。通过记录,不仅可减缓紧张心理,而且还可更好地理解老师所提问的关键和实质,同时可边记边思考,使思考的过程变得自然。

(3)听清问题再作答。老师在提问时,学生要集中注意力认真聆听,并将问题回答思路略记在本子上,切忌未弄清题意就匆忙作答。如果对所提问题没有听清楚,可以请提问老师再说一遍。如果对问题中有些概念不太理解,可以请提问老师作些解释，或者把自己对问题的理解说出来，并问清是不是这个意思，等得到肯定的答复后再作答。只有这样，才会避免答非所问。

（4）答题要简明扼要。在弄清老师所提问题的确切含义后，要在较短的时间内作出反应，要充满自信地以流畅的语言和肯定的语气把自己的想法讲述出来，不能犹豫。回答问题，一要抓住关键，简明扼要，不要东拉西扯，使人听后不得要领；二要力求客观、全面和辩证，留有余地，切忌把话说"死"；三要层次分明。此外，还要注意吐字清晰、音量适中等。

（5）答题时不可"强辩"。有时老师对答辩学生所作的回答不太满意，还会进一步提出问题，以求了解论文答辩学生是否切实搞清和掌握了这个问题。遇到这种情况，答辩学生如果有把握讲清，就可申明理由进行答辩；如果不太有把握，可以审慎地试着回答，能回答多少就回答多少，即使讲得不是很确切也不要紧，只要是与问题有所关联，老师会引导和启发答辩学生切入正题；如果确是自己没有搞清问题，就应实事求是地讲明自己对这个问题还没有搞清楚，表示今后一定认真研究这个问题，切不可强词夺理，进行狡辩。

（二）答辩技巧

1. 脱稿汇报

研究生论文答辩不等于宣读论文，整个过程既不能表现在背诵内容的层面上，更不能表现在宣读内容的层面上。研究生必须对论文的全部内容了如指掌，抓住要点，生动阐述，重点突出自己所做的工作和取得的成果。认真演练，以实现脱稿汇报。

2. 突出重点

个人陈述时要突出重点：课题的背景；自己的工作；主要结论和创新点。另外，还要注意变速翻页，在重点内容页面稍作停顿，以便让大家看清楚。非重点内容页面可快速翻过。

3. 线索清晰

个人陈述时,要做到思路清晰,前后过渡自然,先讲串联词,再翻幻灯片。

4. 使用伏笔

巧妙运用伏笔,使报告结构严密、紧凑,可勾起专家和师生的好奇心,引起更高的关注度。

5. 声音洪亮

答辩过程中要声音洪亮,使在场的所有人都能听到。同时,注意语言的节奏和吸引力、感染力。

6. 语速适中

论文答辩时,由于紧张,学生说话速度可能越来越快,使得答辩专家和其他师生听不清楚,进而影响答辩效果。所以,答辩者应注意在答辩过程中的话语速度。

7. 目光移动

论文答辩时应注意用目光与答辩专家及听众进行交流,以吸引听众的注意力,促使听众能够跟着自己的思路思考问题。

8. 体态辅助

论文答辩虽然以口语为主,但适当地体态辅助会使答辩效果更好。手势语言是体态语言的主要部分,恰当地运用会显得自信有力。

四、学位论文答辩后的上呈材料

(一)硕士学位

答辩结束后,一般以班为单位按照以下顺序递交材料到研究生管理部门。

一是学位申请书2份。

二是论文评阅书3份。

三是答辩记录表1份。

四是硕士学位论文答辩表决票。

五是独创性声明1份。

六是硕士学位论文修改定稿审核表 1 份。

七是发表论文复印件。

八是定稿的硕士学位论文 2 本。论文扉页要有作者和导师签名；隐名评阅的论文评阅人处填写"隐名评阅"。

九是若学位论文需要暂缓提交收藏单位的，填写《某某大学研究生学位论文暂缓送交收藏单位申请表》及证明材料。

（二）博士学位

一是博士学位论文审查表（答辩博士生提供）。

二是博士论文答辩申请书。

三是成绩单。

四是答辩委员签名的单独扉页。

五是单独中英文摘要。

六是论文评阅书。

七是论文答辩表。

八是论文答辩会议记录。

九是论文答辩情况表。

十是博士答辩表决票。

五、研究生学位论文答辩秘书须知

（一）答辩秘书职责

答辩秘书由具有中级及以上专业技术职务的教师担任，负责协助组织答辩会，整理答辩记录、答辩材料等工作。

（二）答辩会程序

一是答辩委员会主席介绍答辩委员会委员，宣布答辩会程序。

二是介绍研究生简况。

三是研究生报告论文主要内容（博士研究生：40～60 分钟；硕士研究生 20

~30分钟)。

四是答辩委员会委员向研究生提问。

五是研究生回答问题。

六是研究生和其他列席人员暂时休会,举行答辩委员会会议,会议程序如下。

第一,研究生导师宣读导师对学位论文的评阅意见。

第二,答辩秘书宣读评阅专家对学位论文的评阅意见。

第三,研究生导师暂时回避,答辩委员会委员评议。

第四,答辩委员会就是否通过论文答辩和是否建议授予学位问题,以无记名投票进行表决。

第五,讨论通过答辩委员会决议。

七是研究生、研究生导师和其他列席人员复会,答辩委员会主席宣布表决结果和答辩委员会决议。

(三)答辩秘书工作内容

1. 博士学位论文答辩秘书工作内容

(1)到学院领取博士学位论文评阅书、学位论文答辩表决票。

(2)登录研究生管理信息系统,录入学位论文评阅成绩。

(3)根据《学位论文评阅书》起草答辩决议草案,答辩前请答辩委员会主席阅知。

(4)在答辩会上,作会议记录,发放表决票(事先填写好研究生姓名、表决票,盖学位办公室章有效),并负责监票。

(5)在研究生管理信息系统录入学位论文答辩结果。

(6)答辩结束后向学院学位评定分委员会提交以下材料:一份《攻读博士学位研究生学位审批材料(存学校档案室)》原件,一份《攻读博士学位研究生学位审批材料(存研究生档案)》原件,每名博士研究生四本博士学位论文。

2. 硕士学位论文答辩秘书工作内容

（1）根据《学位论文评阅书》起草答辩决议草案,答辩前请答辩委员会主席阅知。

（2）在答辩会上,作会议记录,发放表决票（事先填写好研究生姓名、答辩日期,表决票盖学院章有效）,并负责监票。

（3）在研究生管理信息系统录入学位论文答辩结果。

（4）答辩结束后向院办公室提交以下材料：一份《攻读硕士学位研究生学位审批材料（存学校档案室）》原件,一份《攻读硕士学位研究生学位审批材料（存研究生档案）》原件,每名硕士研究生三本硕士学位论文。

六、整理材料时应注意的问题

一是各类材料均由答辩秘书负责整理和送交,不得交与研究生本人。

二是以上表格一律用 A4 纸单面打印,并按封面目录顺序装订。

三是所填写的内容不要粘贴或涂改。

四是学位论文答辩表决票不要粘贴,摞起来直接装订即可。

五是授予学位决定由学位办公室提供。

参考文献

[1]（英）约翰·比加姆（John Biggam）著. 研究生高分论文写作 第4版[M]. 北京：新华出版社，2022.

[2] 马来平. 研究生论文写作技法[M]. 济南：山东大学出版社，2021.

[3] 闫茂德，左磊，杨盼盼，曹雯. 科技论文写作[M]. 北京：机械工业出版社，2021.

[4] 韩占江，张晶. 文献检索与科技论文写作[M]. 成都：西南交通大学出版社，2022.

[5] 王雨磊. 学术论文写作与发表指引 第2版[M]. 文化发展出版社，2022.

[6] 刘宏森. 如何有效开展青年研究 学术规范与论文写作[M]. 上海：上海交通大学出版社，2022.

[7]（英）罗伊娜·默里作；郑炯琳译. 怎样顺利完成论文 论文写作的策略与技巧 第4版[M]. 北京：新华出版社，2022.

[8] 高小和，汲安庆. 学术论文写作第3版[M]. 南京：南京大学出版社，2022.

[9] 郝丹. 学术期刊论文写作技巧与实战[M]. 北京：人民邮电出版社，2022.

[10] 付丽霞，付亚荣，付茜. 科技论文写作技巧[M]. 北京：石油工业出版社，2021.

[11] 罗爱华. 大学生论文写作基础[M]. 北京：中国书籍出版社，2020.

[12] 潘必新. 学位论文写作指南[M]. 北京：中国社会科学出版社，2020.

[13] 钟澄. 科学研究与论文写作[M]. 北京市：科学出版社，2020.

[14] 王荣民，杨云霞，宋鹏飞. 科技信息检索与论文写作[M]. 北京：科学出版

社,2020.

［15］武丽志,陈小兰．毕业论文写作与答辩 第 2 版［M］．北京：高等教育出版社,2020.